마유영어 입으로 영어 문장 만들기

입영작

영어회화

입영작 영어회화 : 1. 영어로 잘 물어보기 (개정판)

지은이 마스터유진
초판 1쇄 발행 2016년 12월 20일
개정판 1쇄 발행 2022년 9월 13일

발행인 박효상   **편집장** 김현   **기획·편집** 장경희   **디자인** 임정현
디자인 싱타디자인 고희선
마케팅 이태호, 이전희   **관리** 김태옥

종이 월드페이퍼   **인쇄·제본** 예림인쇄·바인딩

출판등록 제10-1835호   **발행처** 사람in   **주소** 04034 서울시 마포구 양화로 11길 14-10 (서교동) 3F
전화 02) 338-3555(代)   **팩스** 02) 338-3545   **E-mail** saramin@netsgo.com
Website www.saramin.com

ISBN 978-89-6049-972-0 14740
     978-89-6049-613-2 (세트)

우아한 지적만보 기민한 실사구시 사람in

마유영어

입으로 영어 문장 만들기

입영작

영어회화

마스터유진 지음

영어로 잘 물어보기

사람in

Prologue 프롤로그

다음과 비슷한 말들을 한번쯤은 들어보셨을 수도 있겠습니다.

> "영어 교육에 들어가는 돈이 연간 7조가 넘는데 우리가 여전히 영어를 못하잖아요?"
> "그게 다 쓸데없이 문법에 시간을 너무 낭비해서 그래요."
> "어린아이들 좀 보세요. 그런 거 몰라도 영어 잘하잖아요?"
> "우리도 그렇게 하면 된다는 겁니다. 자, 문법 그만하고 스피킹 합시다."

영어를 마스터하는 과정에 있는 성인에게 스피킹의 핵심 엔진인 문법을 무시하라는 말.
그 말이 얼마나 위험하고 무책임하며 상업적인 말인지 아셔야 합니다.

───────

미국에서 오랜 시간을 이민자(1.5세)로 살았음에도 불구하고 저는 대한민국의 어휘·문법 중심의 영어 교육이 잘못되었다고 절대로 생각하지 않았습니다. 그 생각은 지금도 변함이 없으며 앞으로도 변하지 않을 것입니다. 사실이기 때문에.

FACT : 어휘·문법 교육은 역사상 시류나 유행을 탄 적이 없으며 전세계 공통으로 이루어지고 있다.

외국에서는 성인들이 영어를 배울 때 문법을 안 배운다?
아뇨, 당연히 배웁니다. 화려한 **문법 용어**에 집착하지 않는 것뿐입니다.

최근 대한민국 영어 시장은 아이들의 뇌와 성인의 뇌는 달라서 언어를 습득하는 방식도 다르다고 주장합니다. 그 주장이 사실이라고 가정한다면, 아이들과는 다른 **성인들을 위한** 최적의 방식을 제시해 주는 것이 맞습니다. 그런데 여기서부터 모순이 시작됩니다. 다짜고짜 아이들이 영어를 문법 없이 습득하니까 성인들도 같은 방식을 따라야 한다고 합니다. 그리곤 얼마 후 잘 포장된 새로운 영어 상품들이 시장에 쏟아집니다.

저기… 아깐 뇌도 다르고 습득 방식도 다르다면서요…

어린아이가 아닌 성인이 문법 없이 영어를 마스터하려면 타임머신을 타고 어린 시절로 돌아가야 합니다. 그런데 이 타임머신이라는 것, 그게 구하기가 생각보다 쉽지 않습니다.

마스터유진의
스토리

제가 미국으로 떠난 당시에는 대부분의 미국 이민자들이 부유해서 한국을 떠난 것이 아니었습니다. 어려운 경제 사정 속에서 살길을 찾아보려고 힘들게 떠나는 경우가 많았죠. 저와 제 어머니도 예외는 아니었습니다. 그렇게 전 낯선 뉴욕의 JFK 공항에 내리게 됩니다.

등교 첫날, 아무것도 모른 채 노란색 스쿨버스에 올라탔다가 하교 후 언어적, 문화적 충격에 휩싸여 고개 숙인 채 눈물을 뚝뚝 흘리며 문 앞에 서 있던 저를 보고 어머니께서는 가슴이 찢어졌다고 하십니다. (사실 눈물은 어머니 당신께서 더 많이 흘리셨을 거란 생각이 듭니다.)

저는 한국에 사는 동안, 여느 학생들과 같은 방식으로 어휘·문법 위주의 영어 공부를 했습니다. 뒤늦게 고등학생 신분으로 한국을 떠날 때는 "쓸데없는 문법은 잊고 미국 가서 무조건 말을 내뱉어 보면 어떻게든 해결되겠지." 라는 근거 없는 자신감만 가득했고 그 결과는 참담했습니다.

고등학교 시절은 어떻게든 손짓 발짓하며 넘어갈 수 있었습니다. 하지만 대학에 진학하면서 제 영어는 더욱 비참하게 무너졌습니다. 단어로 겨우겨우 대화를 이어 가는 수준의 제 모습. **무조건 내뱉고 보는 스피킹**의 최후는 그러했습니다.

모든 수업의 그룹 프로젝트에서 전 항상 깍두기였습니다. '미국 가면 한국에서 배운 어휘·문법 따윈 쓸모 없을 거라 다들 그랬는데. 그래서 다 무시하고 미국 스타일로 무작정 내뱉고 있는데, 이게 왜 안 되는 거지?' 그건 저만의 바보 같은 착각이었던 것이죠.

제 영어 실력은 간신히 커피를 주문할 정도의 **단어 수준** 혹은 **단순한 회화 수준**일 뿐, 디테일한 질문을 할 수 있다거나 문장을 자유롭게 확장해 갈 수 있는 건 아니었습니다. 사람들 앞에서 영어로 멋지게 프레젠테이션을 한다? 상상도 할 수 없는 일이었지요. 앞으로 평생을 미국에서 먹고 살아야 하는데 참으로 암담했습니다.

그러던 중, 저는 저학년 필수 과목 중 하나인 Freshman Composition (기초 작문) 과목의 Term Paper (리포트)에서 F를 받게 됩니다. 이것은 단순한 실수가 아니었으며 꽤 괜찮다고 스스로 믿어 왔던 어휘·문법 실력 자체를 의심하게 만든 운명적인 계기가 됩니다. "혹시 난 입으로 말하는 것 이전에, 기본기 자체가 약한 건 아닐까? 손으로도 문장 하나 제대로 못 만드는데 과연 입으로는 나올까? 심지어 남이 말했을 때 그걸 듣고 이해라도 할 수 있을까?"

그날을 기점으로, 전 무조건 나가서 외국인들과 얘기하는 시간은 오히려 줄이고, 한국에서 들고 온 단어집과 문법책으로 기초 공사를 다시 하면서 각 챕터를 마칠 때마다 해당 내용으로 영작하는 연습을 수도 없이 반복하기 시작합니다. 이렇게 **제대로** 익힌 문장들을 다시 한번 입으로 전환시키는 것의 반복. 그것이 입영작 (Verbal Writing)의 모태가 되었고, 후에 수 천명의 클라이언트들과 안정된 문장들로 소통하고 있는 스스로를 발견하게 됩니다.

단어 수준 혹은 단순한 회화 수준을 넘어, 자신의 생각을 뚜렷하고 디테일하게 전달할 수 있는 수준으로 끌어올리는 방법.
기적이 아닌, 가장 정직하고 효율적이며 결과물이 확실한 방법.
그리고 무엇보다 **누구나 할 수 있는** 방법.
이것이 바로 입영작 (Verbal Writing)이 설계된 방식입니다.

후회하지 말 것!

초중고 및 대학 시절, 우리는 시험 영어 위주로 영어를 배워 왔습니다. 그러나 참으로 다행인 것은 적어도 그 덕에 전세계 그 누구보다 어휘력이 우수한 편이며, 문법적으로 틀린 문장을 보면 어느 정도 의문을 품을 수 있는 실력을 가지게 되었다는 것입니다. 수년간 배워 왔기에, 자신도 모르는 사이에 완벽하진 않을지라도 어느 정도는 체화된 것이죠. (이것이 바로 반복의 무서움)

education = 교육 / love = 사랑	(단어)
be interested in = ～에 관심이 있다	(덩어리 표현)
I will cry yesterday. (X) I cried yesterday. (O)	(시제)
You am a model. (X) You are a model. (O)	(주어 – 동사 일치)
Study English I. (X) I study English. (O)	(어순)

위의 것을 전부 알지는 못해도, 그렇다고 "이런 게 도대체 뭐야? 한번도 못 들어봤는데?"라고 하는 분들도 거의 없을 것입니다. 주입식 어휘·문법 교육은 적어도 우리에게 이러한 기본적이고도 필수적인 지식을 선물해 주었습니다. 이것은 여러분이 반복적인 노출을 통해 쌓아온 가치 있는 자산이므로 안타까워하거나 후회하면 안 되는 부분입니다.

이제 여러분에겐 두 가지 선택권이 주어졌습니다.

1. 평생 시스템 탓만 하며 영어를 못하는 것
2. 자산을 확장시켜 영어를 마스터하는 것

자산 확장을 결심했다면 앞으로 여러분의 스피킹은 이 책을 통해 날개를 달게 될 것입니다.

무엇이 문제인가?

그렇다면 이런 의문이 들 것입니다. "대한민국에서 강조해 온 어휘·문법 중심의 영어 공부가 정말 잘한 일이라면, 왜 우리는 아직도 영어 벙어리인가?"

정답: 우리는 이론과 공식만 알고 문장으로 써 본 적이 없음

네. 바로 '경험 부족'이 문제인 겁니다. 이런 면에서 대한민국 영어 교육은 '잘못된' 것이 아니라 '비효율적'이라고 하는 게 맞습니다. 총알은 줬지만 쏴 볼 기회는 주지 않았다는 말입니다. 참고할 예문도 턱없이 부족했지만 무엇보다 직접 써 본 예문은 더더욱 없었습니다.

'아는' 영어가 아니라 '하는' 영어로

우리는 지금껏 알아 (Know) 왔습니다. 단어를, 표현을, 문법을, 공식을.
다시 말하지만, 절대로 그건 시간과 노력 낭비가 아닙니다.
다만, 이제부터는 해야 (Do) 합니다.

그 동안의 수고를 헛되지 않게 하는 유일한 방법은 영어 공부의 확장입니다.
말은 거창하지만 확장이라 함은 결국,

> **1. 아는 것을 써 보는 것. 그것도 많이 써 보는 것**
> **2. 어떻게? 손으로 그리고 입으로**

우리 대부분은 어느 정도 기본은 갖춘 어휘와 문법의 수준에 서 있습니다. 목표는 스피킹입니다.
이 둘 사이에 끊어진 고리를 연결해 줄 무언가가 필요하다는 것입니다.
바로 그 연결고리 역할을 해 주는 것이 손영작과 입영작이며 그것이 이 책의 주된 기능입니다.

> **어휘·문법 ➡ 손영작 + 입영작 ➡ 스피킹**

이 순서는 병행할 수는 있으나 건너뛸 수도 없으며 바뀔 수도 없습니다.

'아는 영어'에서 '하는 영어'가 되는 5단계

'하는' 영어 즉, 입으로 영어가 나오는 단계는 다음과 같이 정리할 수 있습니다.

> **1단계: 어휘와 문법이 튼튼하면 손영작이 가능하다.**
> **2단계: 손영작을 반복하면 편하고 빠르게 손영작이 가능하다.**
> **3단계: 편하고 빠르게 손영작이 가능하면 입영작이 가능하다.**
> **4단계: 입영작을 반복하면 편하고 빠르게 입영작이 가능하다.**
> **5단계: 편하고 빠르게 입영작이 가능하면 드디어 진정한 Communication (소통)이 시작된다.**

우리가 학창시절에 경험한 단계는 예상컨대 대부분 1단계까지일 겁니다. 현재 자신이 어느 단계에 서 있는지 잘 생각해 보시길 바랍니다. 과연 현재 상태에서 무작정 회화를 시도하거나 어학연수를 떠난다고 해서 5단계까지 올라갈 수 있을지, 혹시 1단계조차 부실하진 않은지 말입니다.

자신의 수준이 어떤지 알아볼 수 있게 테스트를 드리겠습니다. 다음 문장을 3초 안에 입으로 말하기 시작하세요.

"네가 어제 나한테 말 안하고 내 치킨 먹었으면, 난 경찰 불렀을 거야."

힌트도 드립니다. 모든 문법책에서 다루는 [과거 가정], [p.p.] 그리고 [would]도 들어갑니다.
하나... 둘... 둘의 반... 둘의 반의 반... 셋...
··············
5단계, 정말 갈 수 있겠나요?

기본을 무시하고 무작정 내뱉기를 시도하는 것 즉, 1단계에서 4단계까지 모두 무시하고 5단계로 건너뛰는 것은 마치, "기초공사는 시간과 돈이 많이 드니까 일단 대충 넘기자고. 그래도 있어 보여야 하니까 100층 정도는 세워 줘야 하지 않겠어?" 하는 것과 다를 바가 없습니다. 얼마나 위험한 생각인지 이해하셨으리라 믿습니다.

뒤늦게 후회하고 1단계로 되돌아오는 학생들을 지금까지도 매일같이 돌봐주고 있기에 이렇게 부탁합니다. 부실공사를 부추기는 상술에 넘어가지 마시고 이성적으로 판단하고 행동에 옮기시길 바랍니다.

언어 습득은 다이어트와 좀 너무하다 싶을 정도로 비슷합니다. 특히, 상상만으로는 이뤄지지 않는다는 점에서 말이죠. 이제부턴 손을 움직이고 입을 움직이시길 바랍니다. 꿈과 희망만으로는 영어가 잘 안 늡니다. 그게 정말 그래요. 잘 안돼요 그게.

이제는 Know 하지 말고 Do 하세요.

〈더 많은 마스터유진의 컬럼은
www.maeuenglish.com 혹은 **www.mastereugene.com**에서 만나 보실 수 있습니다.〉

My love goes out to:

사랑하는 나의 어머니.

강아, 수정, 재명, 모든 마유영어 크루, 조교들, 학생들.

그밖에 출판에 도움을 주신 모든 분들.

I couldn't have done this without you.

Thank you all for your

unconditional love and support.

– 마스터유진

마유영어
입영작

입영작 Verbal Writing ™
기본 정의: 입으로 하는 영작
최종 목표: 단어 수준이 아닌 문장 수준으로 묻고, 대답하고, 자유자재로 확장시킬 수 있는 능력
적용 대상: 누구나

입영작의 핵심 엔진 (Core Engine)을 구성하는 사용 빈도 최강의 패턴들은, 소규모 자동차 부품회사에 다니던 직장인, 대형 마트 여러 개를 운영하는 천만장자, 안타깝게도 지금은 세상을 떠난 할리우드 스타, 주말마다 서핑을 즐기는 자유로운 영혼의 프리랜서에 이르기까지, 수년간 연평균 약 2천명에 달하는 현지 원어민들과의 소통을 통해 수집되고 검증되었습니다.

이후, 까다로운 심사와 분석을 통해 코어 패턴들로만 재선별한 뒤, 다시 다양한 시나리오를 통한 시뮬레이션을 걸쳐 완성되었습니다. 입영작은 문법에 충실하면서도 실용적인 패턴으로 보완되어 있습니다. 이렇게 엄선된 패턴들을 문장에 녹여 넣어 말하는 반복 훈련, 그것이 입영작입니다.

경고: 입영작은 영어 왕초보를 영어 초보로 만들어 주는 시스템이 아닙니다. 영어 고수 수준으로까지 끌어 올리는 시스템입니다.

믿어도 좋습니다.

1   전문적 지식과 오랜 현지 경험으로 막강한 사용 빈도의 검증된 패턴만 엄선했습니다.
"내가 맞게 하고 있는 건가?", "정말 써 먹을 수 있는 건가?" 라는 걱정은 절대로 안 해도 됩니다.

2   영어 습득과 관련된 콘텐츠를 만드는 사람은 반드시, 무조건 영어를 잘해야 합니다.
영어 습득의 과정에서 오는 오류와 고통을 직접 겪어 본 적이 없고,
심지어 스스로도 영어를 못하면서 영어 교육 컨텐츠를 제작한다면
그건 정말 무책임한 사업가일 뿐입니다.
저는 영어를 잘합니다. 그리고 여러분도 그렇게 만들 겁니다. 예외 없습니다.

3   예문 한 개, 단어 한 개, 심지어 말투 하나마저 절대로 외부의 도움을 받지 않았습니다.
이 책은 1에서 100까지 마스터유진의 끝없는 연구와 노력으로 쓰여졌습니다.
정말 힘들었습니다. 하지만 그만큼 여러분이 소유할 최고의 영어 무기가 될 것임을 자신합니다.

4   훈련 시에는 제한된 단어들을 사용하게 되지만, 실제 상황에서는 그 제한이 풀리게 됩니다. 뇌에서는 제한된 단어들을 사용하느라 발생했던 스트레스가 사라지기 때문에 즉흥으로 말해야 하는 상황에서는 오히려 가공할 힘을 발휘합니다.

영어가 늘 수밖에 없는
입영작 프로세스와 활용법

이 책은 네 권으로 구성된 〈입영작 영어회화〉의 첫 번째 권으로
의사소통의 첫 단계 질문하기, 그것도 잘 질문하기를 훈련합니다.

최강 빈도 패턴이 들어간 입영작 무기 문장입니다.

품새를 익힐 때마다 띠 색깔이 바뀌는 태권도처럼
흰띠→노란띠→파란띠→빨간띠→품띠→검은띠로 점차
어려워지는 패턴과 내용을 담았습니다.

무기 사용법

우리말 문장이 영어 문장으로 전환되
는 과정이 3개의 다른 시나리오로 소
개됩니다.
한 문장 안의 구성 요소들이 분해되
었다가 사용법에 맞는 어순으로 재조
립됩니다.

무기 업그레이드

알고 있으면 표현력이 업그레이드 되
는 아이템이 간단하게 소개됩니다.

상황 설명

마유와 친구들의 가벼운
대화 내용 속에 마스터
하게 될 입영작 무기가
녹아 들어가 있습니다.
어떤 용도의 무기일지,
어떻게 해석될지 예측해
보면 좋습니다.

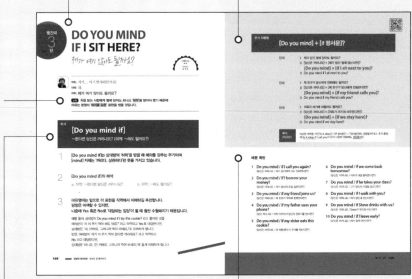

무기 이름 및 무기 설명

입영작 무기가 공감하기 쉬운 친근한
예문들과 설명을 통해 소개됩니다.

예문 폭탄

그렇게 목말라하던 참고 예문의 폭탄 세례
를 받는 부분입니다.
같은 무기가 어떤 식으로 다양하게 응용될
수 있는지 소개됩니다.
문장의 정확한 발음은 위의 QR 코드를 찍
어 꼭 확인하세요.

STEP 1 손영작 입영작 어순 훈련

손영작 + 입영작 어순 훈련

영어 어순대로 나열된 우리말 문장을 보고 손영작과 입영작을 반복합니다.

적당한 반복 횟수란 없습니다. 막히지 않을 때까지 무한 반복합니다.

'진도 빨리 뽑기' 습관을 못 뿌리쳐 애매한 실력에서 성급히 다음 순서로 넘어가면 결국 또다시 왕초보 영어회화 수준에 머물 것을 보장합니다. 넘어가고 싶다면 그만큼 더 열심히 해서 내공을 쌓으세요.

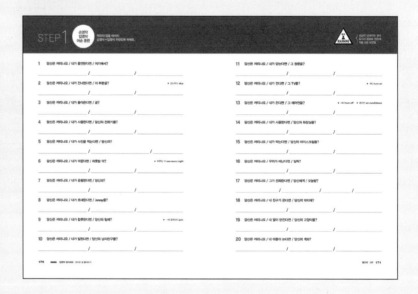

STEP 2

연기낭독 훈련

연기 낭독 훈련

손영작 입영작 어순 훈련을 하고 모범답안을 맞춰 본 후, 위에 있는 QR 코드를 찍어
원어민들은 어떻게 발음하는지 확인해 보세요. 원어민이 읽고 꼭 그만큼의 포즈를 두었으니
반드시 큰 소리로 따라하세요. 이것이 끝난 후에는 마치 상대방에게 이야기하듯
실감나게 낭독한 후 낭독 횟수를 체크합니다.
조용히, 억양 없이, 영혼 없이 낭독하면 맹세코 머리에 공식으로만 남게 됩니다.
손짓, 몸짓, 표정을 총동원하세요. 이 순간만큼은 연기자가 되어야 합니다.
파트너와 돌아가며 해 본 후에 서로의 연기를 냉정하게 평가하세요.

STEP 3

입영작 마스터 훈련

입영작 마스터 훈련

최대한 자연스럽게 우리말 어순으로 바꾼 문장들을 보고 바로 입영작합니다.
만족도의 합계 점수에 따라 다음 무기로 넘어갈지를 결정합니다.
다시 한번 강조합니다. 진도 생각하지 말고 완벽하게 마스터하세요.
영어 잘하려고 시작한 거 아니에요? 만족도만큼은 정말 솔직하게 평가하세요.

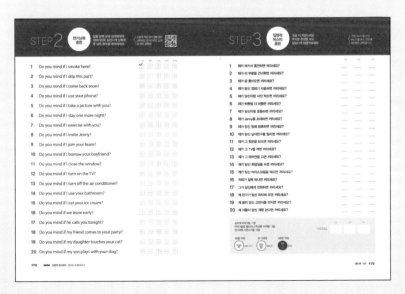

Contents

흰띠

새로운 출발은 항상 설렙니다.
오랫동안 고심해 온 결과물로 여러분을 대할 생각을 하니
저 역시 떨리면서도 기대가 됩니다.
물 한 방울 섞지 않고
오로지 팔 힘으로만 짜낸 과일 주스처럼
오롯이 연구와 시뮬레이션을 돌려 추출한
한 문장 한 문장이
여러분들의 영어 실력 향상에
조금이나마 보탬이 될 수 있기를 바라며,
입영작 영어회화의 첫 단계를 시작합니다.

– 마스터유진

ARE YOU MAD?

자기 화났어?

사용빈도
★★★★★
난이도
★

유진: 지금 치킨 먹을 때야?
마유: 항상 치킨 먹을 때지.
유진: 뭐야, 살 뺀다며…
마유: **자기 화났어?**

상황 마유는 유진이가 화나 있는지 아닌지 그 **'상태'**를 물어보고 있습니다.

무기

[Be동사]로 질문하기 ~이니? / ~였니?

1 [be동사]로 누군가의 '상태' 혹은 '신분, 처지'를 물어볼 수 있습니다.
'상태'는 [형용사]와 함께, '신분, 처지'는 [명사]와 묶어서 사용합니다.

2 '상태'를 물어보는 질문들
예) 너 <u>행복하니</u>? (<u>Are you happy</u>?)
그 남자 <u>훈훈했어</u>? (<u>Was he good-looking</u>?)
너 <u>안 피곤해</u>? (<u>Aren't you tired</u>?)

3 '신분, 처지'를 물어보는 질문들
예) 너 <u>모델이야</u>? (<u>Are you a model</u>?)
걔가 <u>현주였나</u>? (<u>Was she Hyunjoo</u>?)
이거 <u>내 치마 아니야</u>? (<u>Isn't this my skirt</u>?)

[Be동사 + 주어] + [형용사 혹은 명사]?

현재
1 나 귀여워?
2 [나 ~이니] + [귀여운]?
[Am I] + [cute]?
3 Am I cute?

현재
1 걔네들이 네 친구들이야?
2 [걔네들이 ~이니] + [네 친구들]?
[Are they] + [your friends]?
3 Are they your friends?

과거
1 너 모델이었어?
2 [너 ~였어] + [모델]?
[Were you] + [a model]?
3 Were you a model?

무기 UPGRADE
'~이지 않니 / ~이지 않았니?' 같이 부정적인 말투의 질문은
Aren't you / Isn't she / Weren't you처럼 [Be동사]에 [not]을 붙여서 문장을 시작.
예) Aren't you Greg's sister? (너 Greg의 누나 아니니?)

예문 폭탄

1 **Am I / lazy?**
(내가 ~인가 / 게으른?)

2 **Are you / Chloe's sister?**
(너 ~이니 / Chloe의 언니?)

3 **Is he / nervous?**
(그는 ~이니 / 긴장한?)

4 **Is your boyfriend / a soldier?**
(네 남자친구는 ~이니 / 군인?)

5 **Are they / your nephews?**
(걔네들이 ~이니 / 네 조카들?)

6 **Is your brother / shy?**
(너희 형은 ~이니 / 수줍음이 많은?)

7 **Was she / Kay's girlfriend?**
(그녀가 ~였니 / Kay의 여자친구?)

8 **Aren't you / tired?**
(넌 ~ 않니 / 피곤한?)

9 **Isn't he / your boyfriend?**
(걔가 ~ 아니니 / 네 남자친구?)

10 **Weren't you / upset?**
(넌 ~ 않았니 / 화난?)

STEP 1

손영작
입영작
어순 훈련

막히지 않을 때까지
손영작＋입영작 무한반복 하세요.

1   넌 ~이니 / 행복한?

_____ / _____

2   그녀는 ~이니 / 귀여운?

_____ / _____

3   걔네들이 ~니 / 네 친구들?

_____ / _____

4   걔가 ~이니 / 네 남자친구?

_____ / _____

5   Thomas는 ~이니 / 좋은 선생님?

_____ / _____

6   넌 ~였니 / 행복한?

_____ / _____

7   그는 ~였니 / 슬픈?

_____ / _____

8   걔네들이 ~였니 / 네 언니들?

_____ / _____

9   그녀가 ~였니 / 네 아내?

_____ / _____

10   이 가방 ~였니 / 비싼?   ▶ 비싼 expensive

_____ / _____

11 넌 ~이니 / 바쁜 / 지금?

_____ / _____ / _____

12 그녀가 ~이니 / 아픈 / 오늘?

_____ / _____ / _____

13 그분들이 ~니 / 네 부모님?

_____ / _____

14 이게 ~니 / 네 자동차?

_____ / _____

15 Ryan이 ~이니 / 네 사촌?

▶ 사촌 cousin

_____ / _____

16 넌 ~였니 / 취한 / 어제?

▶ 취한 drunk

_____ / _____ / _____

17 걔가 ~였니 / 네 전 남자친구?

▶ 전 남자친구 ex-boyfriend

_____ / _____

18 넌 ~ 않니 / 긴장한?

▶ 긴장한 nervous

_____ / _____

19 이거 ~ 아니니 / 내 전화기?

_____ / _____

20 넌 ~ 않았니 / 피곤한?

▶ 피곤한 tired

_____ / _____

		4회	8회	12회
1	Are you happy?	☑	☐	☐
2	Is she cute?	☐	☐	☐
3	Are they your friends?	☐	☐	☐
4	Is he your boyfriend?	☐	☐	☐
5	Is Thomas a good teacher?	☐	☐	☐
6	Were you happy?	☐	☐	☐
7	Was he sad?	☐	☐	☐
8	Were they your sisters?	☐	☐	☐
9	Was she your wife?	☐	☐	☐
10	Was this bag expensive?	☐	☐	☐
11	Are you busy now?	☐	☐	☐
12	Is she sick today?	☐	☐	☐
13	Are they your parents?	☐	☐	☐
14	Is this your car?	☐	☐	☐
15	Is Ryan your cousin?	☐	☐	☐
16	Were you drunk yesterday?	☐	☐	☐
17	Was he your ex-boyfriend?	☐	☐	☐
18	Aren't you nervous?	☐	☐	☐
19	Isn't this my phone?	☐	☐	☐
20	Weren't you tired?	☐	☐	☐

STEP 3

입영작
마스터
훈련

조금 더 자연스러운
우리말 문장을 보고
실감나게 입영작하세요.

'걔'는 he가 될 수도
she가 될 수도 있으며
여러분의 선택입니다.

		1차	2차	3차
1	넌 행복해?			
2	걔 귀여워?			
3	걔네들이 네 친구들이야?			
4	걔가 네 남자친구야?			
5	Thomas는 좋은 선생님이야?			
6	넌 행복했니?			
7	걔는 슬펐니?			
8	그분들이 네 언니들이었어?			
9	그녀가 네 아내였어?			
10	이 가방은 비쌌니?			
11	너 지금 바쁘니?			
12	걔 오늘 아프니?			
13	그 분들이 너희 부모님이셔?			
14	이게 네 자동차야?			
15	Ryan이 네 사촌이야?			
16	너 어제 취했었어?			
17	걔가 네 전 남자친구였어?			
18	너 긴장되지 않니?			
19	이거 내 전화기 아니니?			
20	너 피곤하지 않았어?			

심하게 버벅거림 : 1점
버벅거림은 줄었으나 책 읽듯 어색함 : 3점
연기하듯 자연스러움 : 5점

TOTAL	1차	2차	3차

40점 이하

연기낭독
훈련 부터 다시

41~79점

입영작
마스터
훈련 재도전

80점 이상

흰띠
1
단 완성

흰띠 1단 **23**

DO YOU EAT CHICKEN?

너 치킨 먹어?

사용빈도
★★★★★
난이도
★

수아: 너 치킨 먹어?

마유: 어.

수아: 너 채식주의자라며.

마유: 치킨까지는 채소잖아.

(상황) 수아는 마유가 원래 치킨을 먹는지 '일반적인 사실'에 대해 물어보고 있습니다.

무기

[Do동사]로 질문하기 ~하니? / ~했니?

1 **[do동사]로 '먹다, 웃다, 생각하다' 등의 [일반동사]에 대해 물어볼 수 있습니다.**

예) 너 운동해? (Do you exercise?)

　　걔가 널 때렸어? (Did he hit you?)

2 **그 중에서도 현재형은 '원래 하는 행동 / 일반적인 사실 / 기존 사실'을 물어봅니다.**

예) 너 안경 써? (Do you wear glasses?)
　　▶ 지금 당장 쓰고 있지 않아도 원래 쓰냐는 질문

　　너 고기 먹니? (Do you eat meat?)
　　▶ 지금 당장 먹고 있지 않더라도 원래 고기를 먹냐는 질문

무기 사용법

[Do동사 + 주어] + [동사원형]?

현재
1 너 샐러드 먹어?
2 [넌 ~하니] +[먹다] + [샐러드를]?
 [Do you] + [eat] + [salad]?
3 Do you eat salad?

현재
1 걔가 너한테 전화해?
2 [그는 ~하니] + [전화하다] + [너에게]?
 [Does he] + [call] + [you]?
3 Does he call you?

과거
1 걔네 어제 공부했어?
2 [그들은 ~했니] + [공부하다] + [어제]?
 [Did they] + [study] + [yesterday]?
3 Did they study yesterday?

무기 UPGRADE
'~하지 않니 / ~하지 않았니?' 같이 부정적인 말투의 질문은
Don't you / Doesn't she / Didn't you처럼 [Do동사]에 [not]을 붙여서 문장을 시작.
예) Don't you love me? (넌 날 사랑하지 않니?)

예문 폭탄

1 **Do you love / your boyfriend?**
(넌 사랑하니 / 네 남자친구를?)

2 **Do you enjoy / music?**
(넌 즐기니 / 음악을?)

3 **Does she eat / pasta?**
(그녀는 먹니 / 파스타를?)

4 **Does he drink / vodka?**
(그는 마시니 / 보드카를?)

5 **Do they teach / Italian?**
(그들은 가르치니 / 이탈리아어를?)

6 **Did you cry?**
(넌 울었니?)

7 **Did you exercise / today?**
(넌 운동을 했니 / 오늘?)

8 **Don't you like / this style?**
(넌 좋아하지 않니 / 이 스타일을?)

9 **Doesn't he like / cute girls?**
(그는 좋아하지 않니 / 귀여운 여자애들을?)

10 **Didn't she call / you?**
(그녀가 전화하지 않았니 / 네게?)

STEP 1

손영작
입영작
어순 훈련

막히지 않을 때까지
손영작＋입영작 무한반복 하세요.

1 넌 좋아하니 / 그녀를?

_____ / _____

2 그는 좋아하니 / 나를?

_____ / _____

3 그들은 도와주니 / 너를?

_____ / _____

4 그건 움직이니?

_____

5 Sue는 사랑하니 / 그녀의 남자친구를?

_____ / _____

6 넌 전화했니 / 그녀에게?

_____ / _____

7 그들은 잊었니 / 네 생일을?

_____ / _____

8 그녀는 전화했니 / 너에게?

_____ / _____

9 그는 도와줬니 / 너를?

_____ / _____

10 Alice는 포기했니?

▶ 포기하다 give up

_____

11 넌 공부하니 / 영어를?

_____ / _____

12 그는 가지고 있니 / 직업을?

_____ / _____

13 그들은 좋아하니 / 네 여자친구를?

_____ / _____

14 그녀는 마시니 / 소주를?

_____ / _____

15 Anna는 즐기니 / 한국 음식을?

▸ 한국 음식 Korean food

_____ / _____

16 넌 읽지 않니 / 책들을?

_____ / _____

17 그는 일하지 않니 / 너와?

_____ / _____

18 그들은 일하지 않니 / 여기에서?

_____ / _____

19 넌 전화하지 않았니 / 나에게?

_____ / _____

20 그녀는 팔지 않았니 / 그녀의 파우치를?

▸ 파우치 pouch

_____ / _____

		4회	8회	12회
1	Do you like her?	☑		
2	Does he like me?			
3	Do they help you?			
4	Does it move?			
5	Does Sue love her boyfriend?			
6	Did you call her?			
7	Did they forget your birthday?			
8	Did she call you?			
9	Did he help you?			
10	Did Alice give up?			
11	Do you study English?			
12	Does he have a job?			
13	Do they like your girlfriend?			
14	Does she drink soju?			
15	Does Anna enjoy Korean food?			
16	Don't you read books?			
17	Doesn't he work with you?			
18	Don't they work here?			
19	Didn't you call me?			
20	Didn't she sell her pouch?			

STEP 3

입영작
마스터
훈련

조금 더 자연스러운
우리말 문장을 보고
실감나게 입영작하세요.

'걔'는 he가 될 수도
she가 될 수도 있으며
여러분의 선택입니다.

		1차	2차	3차
1	너 걔 좋아하니?			
2	걔가 날 좋아하니?			
3	걔네들이 널 도와주니?			
4	그건 움직이니?			
5	Sue는 자기 남자친구 사랑하니?			
6	너 걔한테 전화했니?			
7	걔네들이 네 생일을 잊었니?			
8	걔가 너한테 전화했니?			
9	걔가 널 도와줬니?			
10	Alice는 포기했니?			
11	넌 영어를 공부하니?			
12	걔는 직업을 가지고 있니?			
13	걔네들이 네 여자친구를 좋아하니?			
14	걔 소주 마시니?			
15	Anna는 한국 음식 즐기니?			
16	넌 책들을 안 읽니?			
17	걔가 너랑 일하지 않니?			
18	걔네들이 여기서 일하지 않니?			
19	너 나한테 전화하지 않았니?			
20	걔는 자기 파우치 팔지 않았니?			

심하게 버벅거림 : 1점
버벅거림은 줄었으나 책 읽듯 어색함 : 3점
연기하듯 자연스러움 : 5점

	1차	2차	3차
TOTAL			

40점 이하   41~79점   80점 이상

연기낭독
훈련   부터 다시

입영작
마스터
훈련   재도전

흰띠
2
단   완성

ARE YOU WEARING LENSES RIGHT NOW?

너 지금 렌즈 끼고 있어?

사용빈도
★★★★★
난이도
★

마유: 너 지금 렌즈 끼고 있어?
준형: 원래 안 끼는데, 이따 소개팅 있어서.
마유: 안경 다시 쓰는 거 고려해 봐.

상황 마유는 준형이에게 원래 렌즈를 착용하는지 물어보는 게 아니라
'바로 지금 이 순간' 착용하고 있는지를 물어보고 있습니다.

무기

[Be동사] + [~ing]?

~하고 있니? / ~하고 있었니?

---

1 흔히 이런 모양을 진행형이라고 부르는데, [be동사]를 현재로 쓰면 현재진행형,
   과거로 쓰면 과거진행형이 됩니다.

2 현재진행형은 '원래 하는 행동/일반적인 사실/기존 사실'과 상관없이, 지금 당장
   (혹은 그 즈음) 한참 하고 있는 동작을 물어보는 무기입니다.

   예) 너 안경 쓰고 있어? (Are you wearing glasses?)
   ▶ 원래 안 쓰더라도 지금 당장은 쓰고 있냐는 질문

   너 소고기 먹고 있어? (Are you eating beef?)
   ▶ 원래 소고기를 안 먹더라도 지금 당장은 먹고 있냐는 질문

3 과거진행형은 과거 한 시점에 한참 하고 있었던 동작을 물어보는 무기입니다.

   예) 너 걷고 있었어? (Were you walking?)
   ▶ 과거 한 시점에 한참 걷고 있었냐는 질문

무기 사용법

[Be동사 + 주어] + [~ing]?

현재 진행
1 너 치킨 먹고 있어?
2 [넌 ~이니] + [먹고 있는] + [치킨을]?
   [Are you] + [eating] + [chicken]?
3 Are you eating chicken?

현재 진행
1 걔가 널 귀찮게 하고 있어?
2 [그는 ~이니] + [귀찮게 하는] + [너를]?
   [Is he] + [bothering] + [you]?
3 Is he bothering you?

과거 진행
1 너 세수하고 있었어?
2 [넌 ~였니] + [씻고 있는] + [네 얼굴을]?
   [Were you] + [washing] + [your face?]
3 Were you washing your face?

무기 UPGRADE	'~하고 있지 않니 / ~하고 있지 않았니?' 같이 부정적인 말투의 질문은 Aren't you / Isn't she / Weren't you처럼 [Be동사]에 [not]을 붙여서 문장을 시작. 예) Weren't you singing? (너 노래하고 있지 않았니?)

예문 폭탄

1 **Are you reading / a book?**
(넌 읽고 있니 / 책을?)

2 **Are you helping / your mom?**
(너는 도와드리고 있니 / 너희 엄마를?)

3 **Is she crying / now?**
(그녀가 울고 있니 / 지금?)

4 **Is he sleeping / now?**
(그는 자고 있니 / 지금?)

5 **Are they teaching / in Korea?**
(그들은 가르치고 있니 / 한국에서?)

6 **Were you dreaming?**
(넌 꿈꾸고 있었니?)

7 **Was he studying / with you?**
(그가 공부하고 있었니 / 너와?)

8 **Aren't you driving?**
(넌 운전하고 있지 않니?)

9 **Isn't he sleeping / right now?**
(그는 자고 있지 않니 / 지금?)

10 **Wasn't she taking a shower?**
(그녀가 샤워하고 있지 않았니?)

STEP 1

손영작
입영작
어순 훈련

막히지 않을 때까지
손영작＋입영작 무한반복 하세요.

1 넌 공부하고 있니?

_____

2 그녀는 일하고 있니?

_____

3 그들은 운동하고 있니?

_____

4 Jenny가 도와주고 있니 / 널?

_____ / _____

5 내가 방해하고 있니 / 널?　　　　　　　　　　　　　　▶ 방해하다 bother

_____ / _____

6 넌 사용하고 있었니 / 이걸?

_____ / _____

7 그가 울고 있었니?

_____

8 그들은 춤추고 있었니?

_____

9 그녀는 먹고 있었니 / 뭔가를?

_____ / _____

10 Chris가 안아 주고 있었니 / 너를?　　　　　　　　　　▶ 안아 주다 hug

_____ / _____

11   넌 생각하고 있니 / 나에 대해서?

_____ / _____

12   넌 먹고 있니 / 뭔가를?

_____ / _____

13   그녀는 춤추고 있니 / 지금?

_____ / _____

14   그들은 마시고 있니 / 지금?

_____ / _____

15   Jake는 쓰고 있니 / 책을?

_____ / _____

16   넌 일하고 있지 않니?

_____

17   넌 입고 있지 않니 / 스웨터를?

_____ / _____

18   그들은 공부하고 있지 않니 / 지금?

_____ / _____

19   그녀는 자고 있지 않았니?

_____

20   그들은 보고 있지 않았니 / 영화를?

_____ / _____

		4회	8회	12회
1	Are you studying?	☑		
2	Is she working?			
3	Are they exercising?			
4	Is Jenny helping you?			
5	Am I bothering you?			
6	Were you using this?			
7	Was he crying?			
8	Were they dancing?			
9	Was she eating something?			
10	Was Chris hugging you?			
11	Are you thinking about me?			
12	Are you eating something?			
13	Is she dancing now?			
14	Are they drinking now?			
15	Is Jake writing a book?			
16	Aren't you working?			
17	Aren't you wearing a sweater?			
18	Aren't they studying now?			
19	Wasn't she sleeping?			
20	Weren't they watching a movie?			

STEP 3

입영작
마스터
훈련

조금 더 자연스러운
우리말 문장을 보고
실감나게 입영작하세요.

'걔'는 he가 될 수도
she가 될 수도 있으며
여러분의 선택입니다.

		1차	2차	3차
1	너 공부하고 있어?			
2	걔 일하고 있어?			
3	걔네들 운동하고 있어?			
4	Jenny가 널 도와주고 있어?			
5	내가 널 방해하고 있는 거야?			
6	너 이거 쓰고 있었어?			
7	걔 울고 있었어?			
8	걔네들 춤추고 있었어?			
9	걔가 뭐 먹고 있었어?			
10	Chris가 너를 안아 주고 있었어?			
11	너 나에 대해 생각하고 있어?			
12	너 뭔가 먹고 있어?			
13	걔 지금 춤추고 있어?			
14	걔네들 지금 술 마시고 있어?			
15	Jake는 책 쓰고 있어?			
16	너 일하고 있지 않아?			
17	너 스웨터 입고 있지 않아?			
18	걔네들 지금 공부하고 있지 않아?			
19	걔 자고 있지 않았어?			
20	걔네들 영화 보고 있지 않았어?			

심하게 버벅거림 : 1점
버벅거림은 줄었으나 책 읽듯 어색함 : 3점
연기하듯 자연스러움 : 5점

	1차	2차	3차
TOTAL			

40점 이하

연기납득
훈련 부터 다시

41~79점

입영작
마스터
훈련 재도전

80점 이상

흰띠
3
단 완성

WOULD YOU HELP ME?

저 좀 도와주실래요?

사용빈도
★★★★
난이도
★☆

신입생: 선배님! 이 상자 옮겨야 하는데, 저 좀 도와주실래요?

마유: 내가 밥도 사게 해 주겠니?

상황 풋풋한 신입생이 지나가던 복학생 마유에게
자신을 도와줄 건지 그의 '의지'를 물어보고 있습니다.

무기

[Will / Would] ~할 거예요? / ~해 주실래요?

1 **[will]은 '~할 거예요?' 라며 상대방의 '의지'를 물어볼 때 사용하는 무기입니다.
[will] 대신 [would]를 쓰면 '~해 주실래요?'로 더욱 정중한 표현이 됩니다.**

예) Will you help me? (절 도와줄 거예요?)

Would you be quiet? (조용히 해 주실래요?)

2 **주어가 상대방인 you가 아닐 경우에는 (예: she, he, they, it, etc.)
제3자의 의지를 '추측'합니다.**

a. will = ~할 건가? (추측)

예) Will he help us? (그가 우릴 도와줄 건가?)

b. would = 과연 ~할까? (더욱 조심스런 추측)

예) Would they accept it? (그들이 과연 그걸 받아들일까?)

무기 사용법

[Will / Would 주어] + [동사원형]?

상대방의 의지
1 저 좀 도와주실래요?
2 [당신은 ~해 주실래요] + [돕다] + [저를]?
   [Will / Would you] + [help] + [me]?
3 Will / Would you help me?

상대방의 의지
1 댁 자동차 좀 옮겨 주실래요?
2 [당신은 ~해 주실래요] + [옮기다] + [당신의 자동차를]?
   [Will / Would you] + [move] + [your car]?
3 Will / Would you move your car?

제3자의 의지를 추측
1 걔가 (과연) 날 좋아할까?
2 [그녀가 (과연) ~할까] + [좋아하다] + [나를]?
   [Will / Would she] + [like] + [me]?
3 Will / Would she like me?

무기 UPGRADE
[be동사]를 쓸 때는 [be동사]의 원형인 [be]를 사용함.
예) Would you <u>be</u> there for us? (우릴 위해 거기 <u>있어</u> 주실래요?)

예문 폭탄

1 **Would you try / again?**
(시도해 주시겠어요 / 다시?)

2 **Would you delete / this file?**
(삭제해 주시겠어요 / 이 파일을?)

3 **Would you forgive / me?**
(용서해 주시겠어요 / 날?)

4 **Would you be / my girlfriend?**
(되어 주시겠어요 / 제 여자친구가?)

5 **Would you help / my little sister?**
(도와주시겠어요 / 제 어린 여동생을?)

6 **Would you check / my homework?**
(체크해 주시겠어요 / 제 숙제를?)

7 **Would you take / a picture / for us?**
(찍어 주시겠어요 / 사진을 / 저희를 위해?)

8 **Would you be quiet / for a second?**
(조용히 해 주시겠어요 / 잠시?)

9 **Would he sacrifice / himself / for us?**
(그가 과연 희생할까 / 스스로를 / 우릴 위해?)

10 **Would they hire / me?**
(그들이 과연 고용할까 / 날?)

STEP 1

손영작
입영작
어순 훈련

막히지 않을 때까지
손영작+입영작 무한반복 하세요.

1 넌 올 거니 / 여기에?

_____ / _____

2 넌 고쳐 줄 거니 / 내 전화기를?

▸ 고치다 fix

_____ / _____

3 넌 사용할 거니 / 우리의 서비스를?

_____ / _____

4 넌 용서해 줄 거니 / 내 딸을?

▸ 용서하다 forgive

_____ / _____

5 넌 저녁 식사를 할 거니 / 나랑?

▸ 저녁 식사를 하다 have dinner

_____ / _____

6 넌 앉을 거니 / 나랑?

_____ / _____

7 넌 가르쳐 줄 거니 / 내게 / 영어를?

_____ / _____ / _____

8 넌 체크해 줄 거니 / 내 에세이를?

_____ / _____

9 넌 요리해 줄 거니 / 우리를 위해?

_____ / _____

10 넌 마실 거니 / 나랑?

▸ (술) 마시다 drink

_____ / _____

11 넌 날 깨워 줄 거니?

▶ ~를 깨우다 wake someone up

12 넌 옮겨 줄 거니 / 네 가방을?

_____ / _____

13 넌 전화할 거니 / Jackson 씨에게?

_____ / _____

14 넌 춤출 거니 / 나랑?

_____ / _____

15 넌 사진을 찍을 거니 / 나랑?

▶ 사진 찍다 take a picture

_____ / _____

16 그가 좋아할까 / 내 디자인을?

_____ / _____

17 그녀가 춤출까 / 나랑?

_____ / _____

18 그들이 도와줄까 / 우리를?

_____ / _____

19 Mike가 돌아올까?

20 Mary가 결혼할까 / 나랑?

▶ ~랑 결혼하다 marry someone

_____ / _____

		4회	8회	12회
1	Will / Would you come here?	☑☐	☐☐	☐☐
2	Will / Would you fix my phone?	☐☐	☐☐	☐☐
3	Will / Would you use our service?	☐☐	☐☐	☐☐
4	Will / Would you forgive my daughter?	☐☐	☐☐	☐☐
5	Will / Would you have dinner with me?	☐☐	☐☐	☐☐
6	Will / Would you sit with me?	☐☐	☐☐	☐☐
7	Will / Would you teach me English?	☐☐	☐☐	☐☐
8	Will / Would you check my essay?	☐☐	☐☐	☐☐
9	Will / Would you cook for us?	☐☐	☐☐	☐☐
10	Will / Would you drink with me?	☐☐	☐☐	☐☐
11	Will / Would you wake me up?	☐☐	☐☐	☐☐
12	Will / Would you move your bag?	☐☐	☐☐	☐☐
13	Will / Would you call Mr. Jackson?	☐☐	☐☐	☐☐
14	Will / Would you dance with me?	☐☐	☐☐	☐☐
15	Will / Would you take a picture with me?	☐☐	☐☐	☐☐
16	Will / Would he like my design?	☐☐	☐☐	☐☐
17	Will / Would she dance with me?	☐☐	☐☐	☐☐
18	Will / Would they help us?	☐☐	☐☐	☐☐
19	Will / Would Mike come back?	☐☐	☐☐	☐☐
20	Will / Would Mary marry me?	☐☐	☐☐	☐☐

STEP 3

입영작
마스터
훈련

조금 더 자연스러운
우리말 문장을 보고
실감나게 입영작하세요.

'걔'는 he가 될 수도
she가 될 수도 있으며
여러분의 선택입니다.

		1차	2차	3차
1	너 여기 올 거야?			
2	너 내 전화기 고쳐 줄 거야?			
3	너 우리 서비스 쓸 거야?			
4	너 내 딸 용서할 거야?			
5	너 나랑 저녁 식사할 거야?			
6	너 나랑 앉을 거야?			
7	너 나한테 영어 가르쳐 줄 거야?			
8	너 내 에세이 체크해 줄 거야?			
9	너 우릴 위해 요리해 줄 거야?			
10	너 나랑 마실 거야?			
11	너 나 깨워 줄 거야?			
12	너 네 가방 옮겨 줄 거야?			
13	너 Jackson 씨한테 전화할 거야?			
14	너 나랑 춤출 거야?			
15	너 나랑 사진 찍을 거야?			
16	걔가 내 디자인을 좋아할까?			
17	걔가 나랑 춤출까?			
18	걔네가 우릴 도와줄까?			
19	Mike가 돌아올까?			
20	Mary가 나랑 결혼할까?			

심하게 버벅거림 : 1점
버벅거림은 줄었으나 책 읽듯 어색함 : 3점
연기하듯 자연스러움 : 5점

	1차	2차	3차
TOTAL			

40점 이하

연기낭독
훈련 부터 다시

41~79점

입영작
마스터
훈련 재도전

80점 이상

흰띠
4
단 완성

ARE YOU GOING TO TELL HER?

너 걔한테 고백할 거야?

사용빈도
★★★★★
난이도
★☆

재명: 너 걔한테 고백할 거야?
마유: 응. 일 끝나고 전화하려고.
재명: 내가 다 떨린다. 통화 끝나면 나한테도 보고할 것.

상황 재명이는 마유가 '고백할 건지' 즉,
'사전에 계획한 것을 실제로 실행할 생각인지' 물어보고 있습니다.

무기

[Be going to] ~할 거야?

1 **[be going to]**는 사전에 이미 마음먹었거나 계획한 것을 실제로 실행할 생각인지를 물어보는 무기입니다.

예) 너 3시에 나한테 전화할 거니? (Are you going to call me at 3?)
나한테 3시에 전화하려고 이미 마음먹은 걸 실제로 할 생각이냐는 (3시에 정말 전화할 거냐는) 질문

2 **[be going to]**는 구어체에서 **[be gonna]**라는 슬랭으로도 많이 쓰입니다.

예) Are you going to call me? = Are you gonna call me?

[Be동사 + 주어 + going to] + [동사원형]?

이미 마음먹은
것의 진행

1 너 내일 떠날 거니?

2 [넌 ~할 거니] + [떠나다] + [내일]?

[Are you going to] + [leave] + [tomorrow]?

3 Are you going to leave tomorrow?

이미 계획된
것의 진행

1 그녀는 11월에 아기를 낳을 거니?

2 [그녀는 ~할 거니] + [낳다] + [아기를] + [11월에]?

[Is she going to] + [have] + [a baby] + [in November]?

3 Is she going to have a baby in November?

이미 마음먹은
것의 진행

1 너 오늘 그녀를 볼 거니?

2 [넌 ~할 거니] + [보다] + [그녀를] + [오늘]?

[Are you going to] + [see] + [her] + [today]?

3 Are you going to see her today?

**무기
UPGRADE**

'~하지 않을 거니? / 안 할 거니?' 같이 부정적인 말투의 질문은
'Aren't you / Aren't they / Isn't she'처럼 [Be동사]에 [not]을 붙여서 문장을 시작.
예) Aren't you going to marry her? (너 걔랑 결혼 안 할 거니?)

예문 폭탄

1 **Are you going to call / me / at 6:30?**
(넌 전화할 거니 / 내게 / 6시 30분에?)

2 **Are you going to buy / this car / in May?**
(넌 살 거니 / 이 차를 / 5월에?)

3 **Is she going to sell / her house?**
(그녀는 팔 거니 / 그녀의 집을?)

4 **Are we going to arrest / him?**
(우린 체포할 거니 / 그를?)

5 **Is he going to move / to Busan / soon?**
(그는 이사할 거니 / 부산으로 / 곧?)

6 **Is Ella going to live / in Canada / next year?**
(Ella는 살 거니 / Canada에서 / 내년에?)

7 **Are they going to hire / more people?**
(그들은 고용할 거니 / 더 많은 사람들을?)

8 **Aren't you going to study / today?**
(넌 공부 안 할 거니 / 오늘?)

9 **Aren't you going to eat / this bread?**
(넌 먹지 않을 거니 / 이 빵을?)

10 **Isn't she going to sell / her jeans / to me?**
(그녀는 팔지 않을 거니 / 그녀의 청바지를 / 내게?)

STEP 1

손영작
입영작
어순 훈련

막히지 않을 때까지
손영작 + 입영작 무한반복 하세요.

1 넌 방문할 거니 / 너의 어머니를 / 오늘?

_____ / _____ / _____

2 넌 보낼 거니 / 이 편지를 / 그녀에게?

_____ / _____ / _____

3 넌 찾을 거니 / 새 직업을?

_____ / _____

4 그들은 해고할 거니 / Jake를 / 곧?   ▶ 해고하다 fire

_____ / _____ / _____

5 그녀가 쇼핑을 갈 거니?

_____

6 우리는 갈 거니 / 그 도서관으로?

_____ / _____

7 그가 관둘 거니 / 그의 일을 / 내일?   ▶ 관두다 quit

_____ / _____ / _____

8 Perry가 날 픽업할 거니?   ▶ ~를 픽업하다 pick someone up

_____

9 그들은 심을 거니 / 나무를 / 여기에?   ▶ (나무를) 심다 plant

_____ / _____ / _____

10 넌 먹을 거니 / 아이스크림을?

_____ / _____

11 넌 이사할 거니 / 플로리다로 / 내년에?   ▶ ～로 이사하다 move to

_____ / _____ / _____

12 넌 전화할 거니 / 네 상사에게 / 지금?

_____ / _____ / _____

13 그녀는 초대할 거니 / Jerry를?

_____ / _____

14 Thomas는 살 거니 / 새 자전거를?

_____ / _____

15 우리는 머물 거니 / 여기에?

_____ / _____

16 넌 주문하지 않을 거니 / 피자를?   ▶ 주문하다 order

_____ / _____

17 넌 운동하지 않을 거니 / 오늘?

_____ / _____

18 그는 취소하지 않을 거니 / 그 미팅을 / 오늘?   ▶ 취소하다 cancel

_____ / _____ / _____

19 그들은 팔지 않을 거니 / 그들의 사업을?

_____ / _____

20 넌 가지 않을 거니 / 집에 / 곧?

_____ / _____ / _____

		4회	8회	12회
1	Are you going to visit your mother today?	✓		
2	Are you going to send this letter to her?			
3	Are you going to find a new job?			
4	Are they going to fire Jake soon?			
5	Is she going to go shopping?			
6	Are we going to go to the library?			
7	Is he going to quit his job tomorrow?			
8	Is Perry going to pick me up?			
9	Are they going to plant a tree here?			
10	Are you going to eat an ice cream?			
11	Are you going to move to Florida next year?			
12	Are you going to call your boss now?			
13	Is she going to invite Jerry?			
14	Is Thomas going to buy a new bicycle?			
15	Are we going to stay here?			
16	Aren't you going to order pizza?			
17	Aren't you going to exercise today?			
18	Isn't he going to cancel the meeting today?			
19	Aren't they going to sell their business?			
20	Aren't you going to go home soon?			

입영작
마스터
훈련

조금 더 자연스러운
우리말 문장을 보고
실감나게 입영작하세요.

'걔'는 he가 될 수도
she가 될 수도 있으며
여러분의 선택입니다.

		1차	2차	3차
1	너 오늘 너네 어머니 방문할 거야?			
2	너 걔한테 이 편지 보낼 거야?			
3	너 새 직업 찾을 거야?			
4	그들이 Jake를 금방 해고할 건가?			
5	걔 쇼핑 갈 건가?			
6	우리 그 도서관 갈 거야?			
7	걔는 내일 자기 일을 관둘 건가?			
8	Perry가 날 픽업할 건가?			
9	걔네들이 여기에 나무 심을 건가?			
10	너 아이스크림 먹을 거야?			
11	너 내년에 플로리다로 이사할 거야?			
12	너 너네 상사한테 지금 전화할 거야?			
13	걔가 Jerry를 초대할 건가?			
14	Thomas가 새 자전거를 살 건가?			
15	우리 여기 머물 거야?			
16	너 피자 주문 안 할 거야?			
17	너 오늘 운동 안 할 거야?			
18	걔는 오늘 그 미팅을 취소 안 할 건가?			
19	걔네는 자기네 사업을 안 팔 건가?			
20	너 집에 금방 안 갈 거야?			

심하게 버벅거림 : 1점
버벅거림은 줄었으나 책 읽듯 어색함 : 3점
연기하듯 자연스러움 : 5점

	1차	2차	3차
TOTAL			

40점 이하   41~79점   80점 이상

연기낭독 훈련 부터 다시   입영작 마스터 훈련 재도전   흰띠 5단 완성

ARE YOU LEAVING TOMORROW?

오빠 내일 떠나?

사용빈도
★★★★★
난이도
★☆

윤지: 오빠 내일 떠나?

마유: 그래. 너무 그리워하진 말고.

윤지: 안 돌아오면 안 돼?

상황 윤지는 마유에게 '떠날 의지'를 물어본 게 아니라,
이미 떠나기로 되어 있는 '확정된 미래'에 대해 물어보고 있습니다.

무기

[Be동사] + [~ing] ~해?

1 이번 무기는 마치 진행형처럼 생겼지만 쓰임은 전혀 다릅니다.
바로, '확정된 미래'에 대해 물어볼 때 사용하는 무기입니다.

예) 너 내일 걔 보니? (Are you seeing him tomorrow?)
   너 다음 주에 출장 가니? (Are you going on a business trip next week?)
   너 몇 시에 학교 가니? (What time are you going to school?)

2 우리가 한국어로도 상대방의 '확정된' 미래에 대해 물어볼 때,
'너 내일 ~할래?'(의지) 혹은 '너 내일 ~할 거니?'(사전 계획)보다는
마치 기존 사실인 냥,
'너 내일 ~하니?'(확정된 미래)같은 말투를 쓰는 것과 비슷한 이치입니다.

[Be동사 + 주어] + [~ing]?

확정된 미래
1 너 내일 이사 가?
2 [넌 ~이니] + [이사 가는] + [내일]?
[Are you] + [moving] + [tomorrow]?
3 Are you moving tomorrow?

확정된 미래
1 걔네 오늘 떠나니?
2 [그들은 ~이니] + [떠나는] + [오늘]?
[Are they] + [leaving] + [today]?
3 Are they leaving today?

확정된 미래
1 그녀가 이 파티에 오니?
2 [그녀가 ~이니] + [오는] + [이 파티에]?
[Is she] + [coming] + [to this party]?
3 Is she coming to this party?

무기 UPGRADE
'~하지 않니?' 같이 부정적인 말투의 질문은
Aren't you / Aren't they / Isn't she처럼 [Be동사]에 [not]을 붙여서 문장을 시작.
예) Isn't he coming here tonight? (걔 오늘밤 여기 오지 않니?)

예문 폭탄

1 **Are you working / in Seoul / tomorrow?**
(넌 일하니 / 서울에서 / 내일?)

2 **Are you staying / here / for 3 days?**
(넌 머무르니 / 여기에서 / 3일 동안?)

3 **Are you coming back / on Thursday?**
(넌 돌아오니 / 목요일에?)

4 **Are they attending / the seminar / tonight?**
(그들은 참석하니 / 그 세미나에 / 오늘밤?)

5 **Is she moving / to Italy / next week?**
(그녀는 이주하니 / 이탈리아로 / 다음 주에?)

6 **Are you coming / with your girlfriend?**
(넌 오니 / 네 여자친구랑?)

7 **Is she visiting / her employees / tomorrow?**
(그녀는 방문하니 / 그녀의 직원들을 / 내일?)

8 **Aren't you leaving / tomorrow?**
(넌 떠나지 않니 / 내일?)

9 **Aren't we having / a meeting / today?**
(우린 갖지 않니 / 미팅을 / 오늘?)

10 **Isn't he bringing / his computer?**
(그가 가져오지 않니 / 그의 컴퓨터를?)

STEP 1

손영작
입영작
어순 훈련

막히지 않을 때까지
손영작＋입영작 무한반복 하세요.

1 넌 돌아오니 / 내일?

_____ / _____

2 넌 방문하니 / 너희 할머니를 / 오늘?

_____ / _____ / _____

3 그들은 만나니 / 다음 주에?

_____ / _____

4 네 부모님은 돌아오시니 / 오늘?

_____ / _____

5 Ellie는 오니 / 네 콘서트에?

_____ / _____

6 넌 보니 / 네 남자친구를 / 내일?

_____ / _____ / _____

7 우린 떠나니 / 한국을 / 다음 주에?

_____ / _____ / _____

8 그녀는 결혼하니 / 내년에?

▶ 결혼하다 get married

_____ / _____

9 그가 운전하니 / 네 차를 / 오늘밤에?

_____ / _____ / _____

10 그녀는 도착하니 / 5시에?

_____ / _____

11 넌 그 시험을 치니 / 내일?

▶ 시험 치다 take a test

_____ / _____

12 넌 집에 가니 / 곧?

_____ / _____

13 넌 하니 / 뭔가를 / 오늘밤에?

_____ / _____ / _____

14 그는 사니 / 새 빌딩을 / 홍콩에서?

_____ / _____ / _____

15 우린 이사하니 / 파리로?

_____ / _____

16 넌 이사하지 않니 / 부산으로?

_____ / _____

17 넌 일하지 않니 / 러시아에서?

_____ / _____

18 그녀가 하지 않니 / 뭔가를 / 내일?

_____ / _____ / _____

19 그가 참석 않니 / 그 미팅에 / 오늘?

▶ 참석하다 attend

_____ / _____ / _____

20 우린 보지 않니 / 그 뮤지컬을 / 이번 주말에?

_____ / _____ / _____

		4회	8회	12회
1	Are you coming back tomorrow?	✓		
2	Are you visiting your grandmother today?			
3	Are they meeting next week?			
4	Are your parents coming back today?			
5	Is Ellie coming to your concert?			
6	Are you seeing your boyfriend tomorrow?			
7	Are we leaving Korea next week?			
8	Is she getting married next year?			
9	Is he driving your car tonight?			
10	Is she arriving at 5?			
11	Are you taking the test tomorrow?			
12	Are you going home soon?			
13	Are you doing something tonight?			
14	Is he buying a new building in Hong Kong?			
15	Are we moving to Paris?			
16	Aren't you moving to Busan?			
17	Aren't you working in Russia?			
18	Isn't she doing something tomorrow?			
19	Isn't he attending the meeting today?			
20	Aren't we watching the musical this weekend?			

STEP 3

입영작
마스터
훈련

조금 더 자연스러운
우리말 문장을 보고
실감나게 입영작하세요.

'걔'는 he가 될 수도
she가 될 수도 있으며
여러분의 선택입니다.

		1차	2차	3차
1	너 내일 돌아와?			
2	너 오늘 너네 할머니 방문해?			
3	걔네들 다음 주에 만나?			
4	너희 부모님 오늘 돌아오셔?			
5	Ellie가 네 콘서트에 와?			
6	너 내일 네 남자친구 봐?			
7	우리 다음 주에 한국 떠나?			
8	걔 내년에 결혼해?			
9	걔가 오늘밤에 네 차 운전해?			
10	걔 5시에 도착해?			
11	너 내일 그 시험 쳐?			
12	너 금방 집에 가?			
13	너 오늘밤에 뭔가 해?			
14	걔 홍콩에서 새 빌딩 사?			
15	우리 파리로 이사해?			
16	너 부산으로 이사하지 않아?			
17	너 러시아에서 일하지 않아?			
18	걔 내일 뭔가 하지 않아?			
19	걔 오늘 그 미팅 참석하지 않아?			
20	우리 이번 주말에 그 뮤지컬 보지 않아?			

심하게 버벅거림 : 1점
버벅거림은 줄었으나 책 읽듯 어색함 : 3점
연기하듯 자연스러움 : 5점

	1차	2차	3차
TOTAL			

40점 이하
연기낭독 훈련 부터 다시

41~79점
입영작 마스터 훈련 재도전

80점 이상
흰띠 6단 완성

CAN I KISS YOU?

너한테 키스해도 돼?

사용빈도
★★★★★
난이도
★☆

마유: 채현아. 가까이 와 봐.
채현: 엄머. 왜? (두근)
마유: 너한테 키스해도 돼?
채현: 하아...

상황 마유는 답답하게도 채현이에게 키스해도 되는지 **'허락'**을 받으려 하고 있습니다.

무기

[Can] ~할 수 있니? / ~해도 되니? / ~해 줄 수 있어?

1 **대표적으로 3가지 상황에 사용하는 무기입니다.**

a. 뭔가를 할 수 있는지 **'능력/가능성'**을 물을 때
예) 너 아무거나 먹을 수 있어? (<u>Can</u> you <u>eat</u> anything?)

b. 뭔가를 해도 되는지 **'허락'**을 받을 때
예) 나 이거 먹어도 돼? (<u>Can</u> I <u>eat</u> this?)
▶ Can 대신 May를 쓰면 더욱 정중한 느낌

c. 뭔가를 해 줄 수 있는지 **'부탁'**을 할 때
예) 너 나 좀 도와줄 수 있어? (<u>Can</u> you <u>help</u> me?)
▶ Can 대신 Could를 쓰면 더욱 정중한 느낌

[Can 주어] + [동사원형]?

능력/가능성		
	1	너 이거 먹을 수 있니?
	2	[넌 ~할 수 있니] + [먹다] + [이것을]?
		[Can you] + [eat] + [this]?
	3	Can you eat this?

허락		
	1	내가 너에게 키스해도 될까?
	2	[내가 ~해도 될까] + [키스하다] + [너에게]?
		[Can I] + [kiss] + [you]?
	3	Can I kiss you?

부탁		
	1	네 자동차를 좀 옮겨 줄 수 있니?
	2	[넌 ~해 줄 수 있니] + [옮기다] + [네 자동차를]?
		[Can you] + [move] + [your car]?
	3	Can you move your car?

무기 UPGRADE
'~ 못하니? / ~하면 안 되니? / ~해 줄 수 없니?' 같이 부정적인 말투의 질문은 [Can] 대신 [Can't]를 사용함.
예) Can't you be quiet? (너희 조용히 좀 할 수 없니?)

예문 폭탄

1 **Can you be / quiet?**
(넌 해 줄 수 있니 / 조용히)?

2 **Can I use / your phone?**
(내가 써도 되니 / 네 전화를?)

3 **Can you write / in English?**
(넌 쓸 수 있니 / 영어로?)

4 **Can you check / my essay?**
(넌 체크해 줄 수 있니 / 내 에세이를?)

5 **Can she join / us?**
(그녀가 합류해도 되니 / 우리랑?)

6 **Can you make / pasta?**
(넌 만들 수 있니 / 파스타를?)

7 **Can you do / that / for me?**
(넌 해 줄 수 있니 / 그걸 / 날 위해?)

8 **Can we use / this chair?**
(우리가 써도 되니 / 이 의자를?)

9 **Can you dance / like me?**
(넌 춤출 수 있니 / 나처럼?)

10 **Can he sing / for us?**
(그는 노래해 줄 수 있니 / 우릴 위해?)

STEP 1

손영작
입영작
어순 훈련

막히지 않을 때까지
손영작＋입영작 무한반복 하세요.

1 넌 도와줄 수 있니 / 나를 / 내일?

_____ / _____ / _____

2 내가 사용할 수 있니 / 네 신용카드를?

_____ / _____

3 넌 외울 수 있니 / 이걸?

▶ 외우다 memorize

_____ / _____

4 넌 요리해 줄 수 있니 / 날 위해?

_____ / _____

5 내가 사진을 찍어도 되니 / 너랑?

_____ / _____

6 넌 부를 수 있니 / 이 발라드를?

_____ / _____

7 넌 올 수 있니 / 내 생일파티에?

_____ / _____

8 내가 봐도 되니 / 그녀의 사진을?

_____ / _____

9 넌 수영할 수 있니 / 빠르게?

_____ / _____

10 넌 가르쳐 줄 수 있니 / 내게 / 영어를?

_____ / _____ / _____

11   내가 빌릴 수 있니 / 네 돈을?   ▶빌리다 borrow

_____ / _____

12   그가 운전할 수 있니 / 트럭을?

_____ / _____

13   너 긁어 줄 수 있니 / 내 등을?   ▶긁다 scratch   ▶등 back

_____ / _____

14   우리가 사용할 수 있니 / 이 엘리베이터를?

_____ / _____

15   그녀는 춤출 수 있니 / Madonna처럼?

_____ / _____

16   넌 물어볼 수 있니 / Angela에게?

_____ / _____

17   내가 전화할 수 있니 / 내 남자친구에게?

_____ / _____

18   넌 마실 수 있니 / 맥주를?

_____ / _____

19   넌 옮겨 줄 수 있니 / 이 상자를 / 날 위해?

_____ / _____ / _____

20   내가 사랑할 수 있니 / 널?

_____ / _____

		4회	8회	12회
1	Can you help me tomorrow?	✓		
2	Can I use your credit card?			
3	Can you memorize this?			
4	Can you cook for me?			
5	Can I take a picture with you?			
6	Can you sing this ballad?			
7	Can you come to my birthday party?			
8	Can I see her picture?			
9	Can you swim fast?			
10	Can you teach me English?			
11	Can I borrow your money?			
12	Can he drive a truck?			
13	Can you scratch my back?			
14	Can we use this elevator?			
15	Can she dance like Madonna?			
16	Can you ask Angela?			
17	Can I call my boyfriend?			
18	Can you drink beer?			
19	Can you move this box for me?			
20	Can I love you?			

STEP 3

입영작
마스터
훈련

조금 더 자연스러운
우리말 문장을 보고
실감나게 입영작하세요.

'걔'는 he가 될 수도
she가 될 수도 있으며
여러분의 선택입니다.

		1차	2차	3차
1	너 내일 나 도와줄 수 있어?			
2	내가 네 신용카드 써도 돼?			
3	너 이거 외울 수 있어?			
4	너 날 위해 요리해 줄 수 있어?			
5	나 너랑 사진 찍어도 돼?			
6	너 이 발라드 부를 수 있어?			
7	너 내 생일파티 올 수 있어?			
8	나 걔 사진 좀 봐도 돼?			
9	너 빠르게 수영할 수 있어?			
10	너 나한테 영어 가르쳐 줄 수 있어?			
11	나 네 돈 좀 빌려도 돼?			
12	걔가 트럭 운전할 수 있어?			
13	너 내 등 좀 긁어 줄 수 있어?			
14	우리 이 엘리베이터 써도 돼?			
15	걔는 Madonna처럼 춤출 수 있어?			
16	너 Angela한테 물어볼 수 있어?			
17	나 내 남자친구한테 전화해도 돼?			
18	너 맥주 마실 수 있어?			
19	너 날 위해 이 상자 좀 옮겨 줄 수 있어?			
20	내가 너 사랑해도 돼?			

심하게 버벅거림 : 1점
버벅거림은 줄었으나 책 읽듯 어색함 : 3점
연기하듯 자연스러움 : 5점

	1차	2차	3차
TOTAL			

40점 이하
연기낭독훈련 부터 다시

41~79점
입영작마스터훈련 재도전

80점 이상
흰띠 7단 완성

노란띠

"끝으로 오라." 그가 말했다.　　　"Come to the edge," he said.
그들이 말했다. "두렵습니다."　　　They said, "We are afraid."
"끝으로 오라." 그가 말했다.　　　"Come to the edge," he said.

그들은 왔고,　　　　　　　　　They came.
그는 밀었으며,　　　　　　　　He pushed them.
그들은 날았다.　　　　　　　　And they flew.

-기욤 아뽈리네어　　　　　　　-Guilliame Apollinaire

문득, 세상 모든 부모님들의 명언 하나가 떠오르네요.
"얘가 안 해서 그렇지, 하면 잘한다니까?"

어차피 잘할 거니까 노란띠 마치고 또 얘기합시다.

– 마스터유진

WHAT ARE YOU EATING?

너 뭐 먹고 있는데?

사용빈도
★★★★★
난이도
★★

유진: 너 지금 먹는 중이야?

마유: 응. 가볍게라도 아침은 꼭 먹어.

유진: 뭐 먹고 있는데?

마유: 치킨.

상황 유진이가 궁금한 것은 마유가 '먹고 있다' 라는 사실 자체가 아니라
도대체 '뭘' 먹고 있는지입니다.

무기

[What] 무엇을 ~하니?

1 **[be동사] 혹은 [do동사]로 시작하는 질문은
'사실 여부' 이외의 정보는 알아낼 수 없습니다.**

예) Are you eating? (넌 먹고 있니?)
　　Do you make? (넌 만드니?)

즉, Yes 혹은 No의 대답밖에는 듣지 못합니다.

2 **Do you make? (넌 만드니?) 같은 경우는 심지어 문법적으로도 뭔가 허전한
느낌입니다. 이때, 질문형 문장 앞에 [What]이 추가되면 '무엇을'이라는
추가 정보를 얻어낼 수 있습니다.**

예) What + are you eating? (무엇을 + 넌 먹고 있니?)
　　What + do you make? (무엇을 + 넌 만드니?)

무기 사용법

[What] + [질문형 문장]?

현재	1	넌 뭘 싫어하니?
	2	[무엇을] + [넌 싫어하니]?
		[What] + [do you hate]?
	3	What do you hate?

현재진행	1	넌 뭘 하고 있니?
	2	[무엇을] + [넌 하고 있니]?
		[What] + [are you doing]?
	3	What are you doing?

과거	1	그녀가 뭘 봤니?
	2	[무엇을] + [그녀가 봤니]?
		[What] + [did she see]?
	3	What did she see?

무기 UPGRADE
[be동사]와 [do동사] 외에 can, would, be going to 등으로도 응용 가능함.
예) What can you do? (넌 뭘 할 수 있니?)
예) What are you going to drink? (넌 뭘 마실 거니?)

예문 폭탄

1 **What / do you have?**
(무엇을 / 넌 가지고 있니?)

2 **What / does she eat / every day?**
(무엇을 / 그녀는 먹니 / 매일?)

3 **What / did you do?**
(무엇을 / 넌 했니?)

4 **What / are you watching?**
(무엇을 / 넌 보고 있니?)

5 **What / is he moving?**
(무엇을 / 그는 옮기고 있니?)

6 **What / are we doing?**
(무엇을 / 우린 하고 있니?)

7 **What / were you reading?**
(무엇을 / 넌 읽고 있었니?)

8 **What / can you do?**
(무엇을 / 넌 할 수 있니?)

9 **What / are you going to do / now?**
(무엇을 / 넌 할 거니 / 이제?)

10 **What / are you doing / tomorrow?**
(무엇을 / 넌 하니 / 내일?)

STEP 1

손영작
입영작
어순 훈련

막히지 않을 때까지
손영작＋입영작 무한반복 하세요.

1 무엇 / 이게 ~이니?

_____ / _____

2 뭘 / 넌 좋아하니?

_____ / _____

3 뭘 / 그녀는 하니?

_____ / _____

4 뭘 / 그들은 원하니?

_____ / _____

5 뭘 / 네 아버지는 하시니?

_____ / _____

6 뭘 / 넌 했니 / 오늘?

_____ / _____ / _____

7 뭘 / 넌 먹었니 / 어제?

_____ / _____ / _____

8 뭘 / 넌 배웠니?

_____ / _____

9 뭘 / 그녀가 요리했니?

_____ / _____

10 뭘 / 그들이 가르쳤니 / 네게?

_____ / _____ / _____

11   뭘 / 넌 하고 있니 / 지금?

_____ / _____ / _____

12   뭘 / 넌 설명하고 있니 / 지금?

▶ 설명하다 explain

_____ / _____ / _____

13   뭘 / 그녀가 쓰고 있니?

_____ / _____

14   뭘 / 그들이 고치고 있니?

_____ / _____

15   뭘 / 넌 하고 있었니?

_____ / _____

16   뭘 / 넌 상의하고 있었니?

▶ 상의하다 discuss

_____ / _____

17   뭘 / 그가 운전하고 있었니?

_____ / _____

18   뭘 / 그들이 연습하고 있었니?

▶ 연습하다 practice

_____ / _____

19   뭘 / 넌 먹을 거니 / 오늘밤에?

_____ / _____ / _____

20   뭘 / 넌 만들 수 있니?

_____ / _____

STEP 2

연기낭독
훈련

답을 맞춰 보며 상대방에게
이야기하듯 실감나게 낭독한
후 낭독 횟수를 체크하세요.

조용히, 억양 없이, 영혼 없이
낭독하면 공식으로만 남게
돼 매우 위험함.

		4회	8회	12회
1	What is this?	☑		
2	What do you like?			
3	What does she do?			
4	What do they want?			
5	What does your father do?			
6	What did you do today?			
7	What did you eat yesterday?			
8	What did you learn?			
9	What did she cook?			
10	What did they teach you?			
11	What are you doing now?			
12	What are you explaining now?			
13	What is she writing?			
14	What are they fixing?			
15	What were you doing?			
16	What were you discussing?			
17	What was he driving?			
18	What were they practicing?			
19	What are you going to eat tonight?			
20	What can you make?			

입영작
마스터
훈련

조금 더 자연스러운
우리말 문장을 보고
실감나게 입영작하세요.

'걔'는 he가 될 수도
she가 될 수도 있으며
여러분의 선택입니다.

		1차	2차	3차
1	이거 뭐야?			
2	너 뭐 좋아해?			
3	걔 뭐해? (=걔 직업이 뭐야?)			
4	걔네가 뭘 원해?			
5	너네 아버지 뭐 하셔? (=너희 아버지 직업이 뭐야?)			
6	너 오늘 뭐 했어?			
7	너 어제 뭐 먹었어?			
8	너 뭐 배웠어?			
9	걔가 뭘 요리했어?			
10	걔네가 너한테 뭘 가르쳤어?			
11	너 지금 뭐 하고 있어?			
12	너 지금 뭐 설명하고 있어?			
13	걔가 뭘 쓰고 있어?			
14	걔네가 뭘 고치고 있어?			
15	너 뭐 하고 있었어?			
16	너 뭐 상의하고 있었어?			
17	걔가 뭘 운전하고 있었어?			
18	걔네가 뭘 연습하고 있었어?			
19	너 오늘밤에 뭐 먹을 거야?			
20	너 뭐 만들 수 있어?			

심하게 버벅거림 : 1점
버벅거림은 줄었으나 책 읽듯 어색함 : 3점
연기하듯 자연스러움 : 5점

	1차	2차	3차
TOTAL			

40점 이하

연기낭독
훈련 부터 다시

41~79점

입영작
마스터
훈련 재도전

80점 이상

노란띠
1
단 완성

WHEN DID YOU CALL ME?

너 언제 전화했었어?

마유: 아니, 왜 이렇게 연락이 안 돼!
유나: 어? 전화했었네?
마유: 나 진짜 100번 한 거 알지?
유나: **언제 전화했는데?**

상황 유나는 마유가 전화했다는 사실은 알게 됐습니다.
하지만 유나가 이제 궁금한 것은 마유가 도대체 **'언제'** 전화했냐는 것입니다.

무기

[When] 언제 ~하니?

1 **[be동사] 혹은 [do동사]로 시작하는 질문은
'사실 여부' 이외의 정보는 알아낼 수 없습니다.**

예) <u>Did</u> you <u>call</u> me? (너 나한테 전화했니?)
   <u>Are</u> you <u>leaving</u>? (너 떠나니?)

즉, Yes 혹은 No의 대답밖에는 듣지 못합니다.

2 **이 질문 앞에 [When]이 추가되면 '언제'라는 추가 정보를 얻어낼 수 있습니다.**

예) <u>When</u> + did you call me? (언제 + 너 내게 전화했니?)
   <u>When</u> + are you leaving? (언제 + 너 떠나니?)

[When] + [질문형 문장]?

현재	1	너 언제 집에 가니?
	2	[언제] + [넌 집에 가니]?
		[When] + [do you go home]?
	3	When do you go home?

과거	1	그녀가 언제 떠났니?
	2	[언제] + [그녀가 떠났니]?
		[When] + [did she leave]?
	3	When did she leave?

이미 마음먹은 것의 진행	1	너 언제 돌아올 거니?
	2	[언제] + [넌 돌아올 거니?]
		[When] + [are you going to come back]?
	3	When are you going to come back?

무기 UPGRADE

[be동사]와 [do동사] 외에 can, would 등으로도 응용 가능함.
예) When can you come? (너 언제 올 수 있어?)
예) When would you do this for me? (너 언제 이걸 해 줄 거야?)

예문 폭탄

1 **When / do you go to bed?**
(언제 / 넌 잠자리에 드니?)

2 **When / do you go to work?**
(언제 / 넌 직장에 가니?)

3 **When / did you buy this?**
(언제 / 넌 이걸 샀니?)

4 **When / did she text you?**
(언제 / 그녀가 너에게 문자했니?)

5 **When / did I say that?**
(언제 / 내가 그렇게 말했니?)

6 **When / are you going to study?**
(언제 / 넌 공부할 거니?)

7 **When / are we going to eat?**
(언제 / 우리는 먹을 거니?)

8 **When / are they going to finish it?**
(언제 / 그들은 그걸 끝낼 거니?)

9 **When / is he going to work / in New York?**
(언제 / 그는 일할 거니 / 뉴욕에서?)

10 **When / can I see you?**
(언제 / 내가 널 볼 수 있니?)

STEP 1

손영작
입영작
어순 훈련

막히지 않을 때까지
손영작＋입영작 무한반복 하세요.

1 언제 / 넌 자니?

_____ / _____

2 언제 / 넌 먹니?

_____ / _____

3 언제 / 넌 보니 / 네 여자친구를?

_____ / _____ / _____

4 언제 / 그녀는 가니 / 직장에?

_____ / _____ / _____

5 언제 / 그는 돌아오니?

_____ / _____

6 언제 / 넌 알아챘니 / 그것을?

▶알아채다 notice

_____ / _____ / _____

7 언제 / 넌 전화했니 / 그녀에게?

_____ / _____ / _____

8 언제 / 넌 갔니 / 거기에?

_____ / _____ / _____

9 언제 / 넌 깨달았니 / 그것을?

▶깨닫다 realize

_____ / _____ / _____

10 언제 / 넌 잃어버렸니 / 네 신용카드를?

▶잃어버리다 lose

_____ / _____ / _____

11   언제 / 그녀가 도와줬니 / 널?

_____ / _____ / _____

12   언제 / 그들이 도착했니 / 여기에?

_____ / _____ / _____

13   언제 / 우리가 만났지?

_____ / _____

14   언제 / 그가 키스했니 / 너에게?

_____ / _____ / _____

15   언제 / 넌 샀니 / 이 차를?

_____ / _____ / _____

16   언제 / 넌 떠날 거니?

_____ / _____

17   언제 / 넌 방문할 거니 / 그녀를?

_____ / _____ / _____

18   언제 / 넌 팔 거니 / 네 사업을?

_____ / _____ / _____

19   언제 / 넌 요리해 줄 수 있니 / 날 위해?

_____ / _____ / _____

20   언제 / 넌 전화할 수 있니 / 네 형에게?

_____ / _____ / _____

		4회	8회	12회
1	When do you sleep?	✓		
2	When do you eat?			
3	When do you see your girlfriend?			
4	When does she go to work?			
5	When does he come back?			
6	When did you notice it?			
7	When did you call her?			
8	When did you go there?			
9	When did you realize it?			
10	When did you lose your credit card?			
11	When did she help you?			
12	When did they arrive here?			
13	When did we meet?			
14	When did he kiss you?			
15	When did you buy this car?			
16	When are you going to leave?			
17	When are you going to visit her?			
18	When are you going to sell your business?			
19	When can you cook for me?			
20	When can you call your brother?			

STEP 3

입영작 마스터 훈련

조금 더 자연스러운 우리말 문장을 보고 실감나게 입영작하세요.

'걔'는 he가 될 수도 she가 될 수도 있으며 여러분의 선택입니다.

		1차	2차	3차
1	넌 언제 자?	------	------	------
2	넌 언제 먹어?	------	------	------
3	넌 언제 네 여자친구를 봐?	------	------	------
4	걔 언제 출근해?	------	------	------
5	걔 언제 돌아와?	------	------	------
6	너 그거 언제 알아챘어?	------	------	------
7	너 언제 걔한테 전화했어?	------	------	------
8	너 언제 거기 갔었어?	------	------	------
9	너 그거 언제 깨달았어?	------	------	------
10	너 언제 네 신용카드 잃어버렸어?	------	------	------
11	걔가 언제 널 도와줬어?	------	------	------
12	걔네가 언제 여기 도착했어?	------	------	------
13	우리 언제 만났지?	------	------	------
14	걔가 언제 너한테 키스했어?	------	------	------
15	너 언제 이 차 샀어?	------	------	------
16	니 언제 띠날 기야?	------	------	------
17	너 언제 걔 방문할 거야?	------	------	------
18	너 언제 네 사업 팔 거야?	------	------	------
19	너 언제 날 위해 요리해 줄 수 있어?	------	------	------
20	너 언제 네 형한테 전화할 수 있어?	------	------	------

심하게 버벅거림 : 1점
버벅거림은 줄었으나 책 읽듯 어색함 : 3점
연기하듯 자연스러움 : 5점

	1차	2차	3차
TOTAL			

40점 이하
연기감독 훈련 부터 다시

41~79점
입영작 마스터 훈련 재도전

80점 이상
노란띠 2단 완성

WHERE DO YOU LIVE?

너 어디 살아?

사용빈도
★★★★★
난이도
★★

마유: 한국 온 기념으로 언제 너희 동네에서 떡볶이나 먹자.

재미교포 우재: 우뤼 동네도 턱복키 파뤄?

마유: 너 어디 사는데?

재미교포 우재: 쒼당동.

(상황) 떡볶이를 팔지 않는 동네는 찾기 힘듭니다.
마유는 우재가 도대체 '**어디에**' 살길래 이런 대답을 하는지 궁금해하고 있습니다.

무기

[Where] 어디에서/어디로/어디를 ～하니?

1 **[be동사] 혹은 [일반동사]로 시작하는 질문은
'사실 여부' 이외의 정보는 알아낼 수 없습니다.**

예) Did you go? (넌 갔니?)
   Do you live? (넌 사니?)

즉, Yes 혹은 No의 대답밖에는 듣지 못합니다.

2 **이 질문 앞에 [Where]가 추가되면 '어디'라는 추가 정보를 얻어낼 수 있습니다.**

예) Where + did you go? (어디로 + 넌 갔니?)
   Where + do you live? (어디에 + 넌 사니?)

무기 사용법

[Where] + [질문형 문장]?

현재		
	1	넌 어디서 일하니?
	2	[어디에서] + [넌 일하니]?
		[Where] + [do you work]?
	3	Where do you work?

현재진행		
	1	그는 어디에서 마시고 있니?
	2	[어디에서] + [그는 마시고 있니]?
		[Where] + [is he drinking]?
	3	Where is he drinking?

과거		
	1	그들은 어디로 갔니?
	2	[어디로] + [그들은 갔니]?
		[Where] + [did they go]?
	3	Where did they go?

무기 UPGRADE

[be동사]와 [do동사] 외에 can, would, be going to 등으로도 응용 가능함.
예) Where <u>can</u> we <u>go</u>? (우리 어디로 갈 수 있어요?)
예) Where <u>are</u> you <u>going to go</u>? (너 어디 갈 거야?)

예문 폭탄

1 Where / do you usually study?
(어디에서 / 너는 보통 공부하니?)

2 Where / does she perform?
(어디에서 / 그녀는 공연하니?)

3 Where / did you hang out / yesterday?
(어디에서 / 너는 놀았니 / 어제?)

4 Where / did he fight?
(어디에서 / 그는 싸웠니?)

5 Where / are you washing your car?
(어디에서 / 너는 네 차를 세차하고 있니?)

6 Where / are you studying / with them?
(어디에서 / 너는 공부하고 있니 / 그들과?)

7 Where / is he exercising?
(어디에서 / 그는 운동하고 있니?)

8 Where / are you going to sleep?
(어디에서 / 너는 잘 거니?)

9 Where / is he going to stay?
(어디에서 / 그는 머물 거니?)

10 Where / can I find you?
(어디에서 / 내가 널 찾을 수 있니?)

STEP 1

손영작
입영작
어순 훈련

막히지 않을 때까지
손영작＋입영작 무한반복 하세요.

1   어디에 / 넌 사니?

_____ / _____

2   어디에서 / 넌 공부하니 / 영어를?

_____ / _____ / _____

3   어디에서 / 넌 먹니 / 점심 식사를?

_____ / _____ / _____

4   어디에 / 그녀는 사니?

_____ / _____

5   어디에서 / 그는 가르치니 / 영어를?

_____ / _____ / _____

6   어디에 / 넌 갔니 / 어제?

_____ / _____ / _____

7   어디에서 / 넌 마셨니 / 어젯밤에?

_____ / _____ / _____

8   어디에서 / 넌 운동했니?

_____ / _____

9   어디에서 / 넌 봤니 / 그녀를?

_____ / _____ / _____

10   어디에서 / 넌 배웠니 / 영어를?

_____ / _____ / _____

11 어디로 / 넌 가고 있니?

_____ / _____

12 어디에서 / 넌 마시고 있니?

_____ / _____

13 어디에서 / 그녀는 공부하고 있니?

_____ / _____

14 어디에서 / 그들은 먹고 있니?

_____ / _____

15 어디에서 / 그는 치고 있니 / 그 시험을?　　　　　　　　　　　▶ 시험을 치르다 take a test

_____ / _____ / _____

16 어디로 / 넌 갈 거니?

_____ / _____

17 어디에서 / 넌 씻을 거니 / 네 차를?

_____ / _____ / _____

18 어디에서 / 그녀는 살 거니?

_____ / _____

19 어디에서 / 내가 찾을 수 있니 / 내 여자친구를?

_____ / _____ / _____

20 어디에서 / 우리가 살 수 있니 / 이 소파를?

_____ / _____ / _____

		4회	8회	12회
1	Where do you live?	✓		
2	Where do you study English?			
3	Where do you eat lunch?			
4	Where does she live?			
5	Where does he teach English?			
6	Where did you go yesterday?			
7	Where did you drink last night?			
8	Where did you exercise?			
9	Where did you see her?			
10	Where did you learn English?			
11	Where are you going?			
12	Where are you drinking?			
13	Where is she studying?			
14	Where are they eating?			
15	Where is he taking the test?			
16	Where are you going to go?			
17	Where are you going to wash your car?			
18	Where is she going to live?			
19	Where can I find my girlfriend?			
20	Where can we buy this sofa?			

STEP 3

입영작 마스터 훈련

조금 더 자연스러운 우리말 문장을 보고 실감나게 입영작하세요.

'걔'는 he가 될 수도 she가 될 수도 있으며 여러분의 선택입니다.

		1차	2차	3차
1	너 어디 살아?	———	———	———
2	너 어디서 영어 공부해?	———	———	———
3	너 어디서 점심 먹어?	———	———	———
4	걔 어디 살아?	———	———	———
5	걔 어디서 영어 가르쳐?	———	———	———
6	너 어제 어디 갔었어?	———	———	———
7	너 어젯밤에 어디서 마셨어?	———	———	———
8	너 어디서 운동했어?	———	———	———
9	너 걔 어디서 봤어?	———	———	———
10	너 어디서 영어 배웠어?	———	———	———
11	너 어디 가고 있어?	———	———	———
12	너 어디서 마시고 있어?	———	———	———
13	걔 어디서 공부하고 있어?	———	———	———
14	걔네 어디서 먹고 있어?	———	———	———
15	걔 어디서 그 시험 치고 있어?	———	———	———
16	너 어디로 갈 거야?	———	———	———
17	너 어디서 네 차 세차할 거야?	———	———	———
18	걔는 어디서 살 거지?	———	———	———
19	내가 어디서 내 여자친구를 찾을 수 있지?	———	———	———
20	우리 어디서 이 소파를 살 수 있지?	———	———	———

심하게 버벅거림 : 1점
버벅거림은 줄었으나 책 읽듯 어색함 : 3점
연기하듯 자연스러움 : 5점

	1차	2차	3차
TOTAL			

40점 이하
연기낭독 훈련 부터 다시

41~79점
입영작 마스터 훈련 재도전

80점 이상
노란띠 3단 완성

WHY DO YOU LIKE ME?

노란띠 4단

넌 왜 날 좋아해?

사용빈도
★★★★★
난이도
★★

마유: 뭐 하나 물어봐도 돼?

보람: 뭐야. 긴장되게.

마유: **넌 왜 날 좋아해?**

보람: 안 좋아해.

상황 마유는 보람이가 자길 좋아한다는 걸 전제로 더 많은 정보를 원하고 있습니다.
자신을 도대체 '**왜**' 좋아하는지 궁금해하고 있습니다.

무기

[Why] 왜 ~하니?

1

**[be동사] 혹은 [do동사]로 시작하는 질문은
'사실 여부' 이외의 정보는 알아낼 수 없습니다.**

예) <u>Did</u> you <u>call</u> me? (너 나한테 전화했니?)

<u>Do</u> you <u>like</u> me? (넌 날 좋아하니?)

즉, Yes 혹은 No의 대답밖에는 듣지 못합니다.

2

이런 질문 앞에 [Why]가 추가되면 '왜'라는 추가 정보를 얻어낼 수 있습니다.

예) <u>Why</u> + did you call me? (왜 + 너 나한테 전화했니?)

<u>Why</u> + do you like me? (왜 + 넌 날 좋아하니?)

[Why] + [질문형 문장]?

현재		
	1	넌 왜 나를 좋아하니?
	2	[왜] + [넌 나를 좋아하니]?
		[Why] + [do you like me]?
	3	Why do you like me?

현재진행		
	1	그는 왜 울고 있니?
	2	[왜] + [그는 울고 있니]?
		[Why] + [is he crying]?
	3	Why is he crying?

과거		
	1	그들이 왜 널 때렸니?
	2	[왜] + [그들은 널 때렸니]?
		[Why] + [did they hit you]?
	3	Why did they hit you?

무기 UPGRADE
[be동사]와 [do동사] 외에 can't, would, be ~ing 등으로도 응용 가능함.
예) Why can't you come? (너 왜 못 와?)
예) Why are you leaving? (너 왜 떠나?)

예문 폭탄

1 **Why / are you so cute?**
(왜 / 넌 그렇게 귀엽니?)

2 **Why / do you always lie?**
(왜 / 넌 항상 거짓말하니?)

3 **Why / did you wake up / early?**
(왜 / 넌 일어났니 / 일찍?)

4 **Why / did she leave / early?**
(왜 / 그녀는 떠났니 / 일찍?)

5 **Why / are you coughing?**
(왜 / 넌 기침하고 있니?)

6 **Why / is he laughing?**
(왜 / 그는 웃고 있니?)

7 **Why / are they running away?**
(왜 / 그들은 도망치고 있니?)

8 **Why / is Alice sneezing?**
(왜 / Alice는 재채기하고 있니?)

9 **Why / were you sad?**
(왜 / 넌 슬퍼했니?)

10 **Why / was he depressed?**
(왜 / 그는 우울해했니?)

1 왜 / 넌 사랑하니 / 날?

_____ / _____ / _____

2 왜 / 넌 사니?

_____ / _____

3 왜 / 넌 공부하니 / 영어를?

_____ / _____ / _____

4 왜 / 그는 방해하니 / 너를?

▶ 방해하다 bother

_____ / _____ / _____

5 왜 / 그들은 거짓말하지 / 우리에게?

_____ / _____ / _____

6 왜 / 넌 사랑했니 / 날?

_____ / _____ / _____

7 왜 / 넌 떠났니 / 날?

_____ / _____ / _____

8 왜 / 넌 공부했니 / 러시아어를?

_____ / _____ / _____

9 왜 / 그가 전화했니 / 네게?

_____ / _____ / _____

10 왜 / 그들이 밀었니 / 널?

▶ 밀다 push

_____ / _____ / _____

11   왜 / 넌 먹고 있니 / 샐러드를?

_____ / _____ / _____

12   왜 / 넌 춤추고 있니 / 여기에서?

_____ / _____ / _____

13   왜 / 넌 피 흘리고 있니?

▶ 피 흘리다 bleed

_____ / _____

14   왜 / 그녀는 울고 있니?

_____ / _____

15   왜 / 그들은 달리고 있니?

_____ / _____

16   왜 / 넌 행복하니?

_____ / _____

17   왜 / 넌 겁먹었니?

▶ 겁먹은 scared

_____ / _____

18   왜 / 넌 흥분해 있니?

▶ 흥분한 excited

_____ / _____

19   왜 / 그녀는 슬프니?

_____ / _____

20   왜 / 그들은 있니 / 여기에?

▶ 있다 be

_____ / _____ / _____

		4회	8회	12회
1	Why do you love me?	✓		
2	Why do you live?			
3	Why do you study English?			
4	Why does he bother you?			
5	Why do they lie to us?			
6	Why did you love me?			
7	Why did you leave me?			
8	Why did you study Russian?			
9	Why did he call you?			
10	Why did they push you?			
11	Why are you eating salad?			
12	Why are you dancing here?			
13	Why are you bleeding?			
14	Why is she crying?			
15	Why are they running?			
16	Why are you happy?			
17	Why are you scared?			
18	Why are you excited?			
19	Why is she sad?			
20	Why are they here?			

STEP 3

입영작
마스터
훈련

조금 더 자연스러운
우리말 문장을 보고
실감나게 입영작하세요.

'걔'는 he가 될 수도
she가 될 수도 있으며
여러분의 선택입니다.

		1차	2차	3차
1	너 왜 날 사랑해?			
2	너 왜 살아?			
3	너 왜 영어 공부해?			
4	걔는 왜 널 방해하지?			
5	걔네는 왜 우리한테 거짓말하지?			
6	너 왜 날 사랑했어?			
7	너 왜 날 떠났어?			
8	너 왜 러시아어를 공부했어?			
9	걔가 왜 너한테 전화했어?			
10	걔네가 왜 널 밀었어?			
11	너 왜 샐러드를 먹고 있어?			
12	너 왜 여기서 춤추고 있어?			
13	너 왜 피 흘리고 있어?			
14	걔는 왜 울고 있어?			
15	걔네는 왜 달리고 있어?			
16	너 왜 행복해?			
17	너 왜 겁먹었어?			
18	너 왜 흥분해 있어?			
19	걔는 왜 슬픈 거야?			
20	걔네가 왜 여기 있어?			

심하게 버벅거림 : 1점
버벅거림은 줄었으나 책 읽듯 어색함 : 3점
연기하듯 자연스러움 : 5점

	1차	2차	3차
TOTAL			

40점 이하	41~79점	80점 이상
연기낭독 훈련 부터 다시	입영작 마스터 훈련 재도전	노란띠 4단 완성

HOW DO YOU STUDY ENGLISH?

넌 영어를 어떻게 공부해?

사용빈도
★★★★★
난이도
★★

마유: 사장님이 너 영어 잘한다고 칭찬하시더라.

일형: 나 승진하는 건가?

마유: 도대체 넌 영어를 어떻게 공부하는데?

일형: 100% 입영작.

상황 마유가 궁금한 건 일형이가 영어를 공부하는지 아닌지가 아닙니다.
도대체 '어떻게' 공부하는지가 궁금한 것입니다.

무기

[How] 어떻게 ~하니?

---

1 **[be동사] 혹은 [do동사]로 시작하는 질문은
'사실 여부' 이외의 추가 정보는 알아낼 수 없습니다.**

예) Did you fix this? (넌 이걸 고쳤니?)
　 Do you study? (넌 공부하니?)

즉, Yes 혹은 No의 대답밖에는 듣지 못합니다.

2 **이 질문 앞에 [How]가 추가되면 '어떻게'라는 추가 정보를 얻어낼 수 있습니다.**

예) How + did you fix this? (어떻게 + 넌 이걸 고쳤니?)
　 How + do you study? (어떻게 + 넌 공부하니?)

[How] + [질문형 문장]?

현재	1	너 어떻게 그걸 알고 있어?
	2	[어떻게] + [넌 그걸 알고 있어]?
		[How] + [do you know that]?
	3	How do you know that?
과거	1	너 어떻게 살을 뺐니?
	2	[어떻게] + [넌 살을 뺐니]?
		[How] + [did you lose weight]?
	3	How did you lose weight?
이미 계획된 것의 진행	1	너 어떻게 이걸 고칠 거니?
	2	[어떻게] + [넌 이걸 고칠 거니]?
		[How] + [are you going to fix this]?
	3	How are you going to fix this?

무기 UPGRADE

[be동사]와 [do동사] 외에 can, should 등으로도 응용 가능함.
예) How can I do this? (제가 어떻게 이걸 할 수 있죠?)
예) How should I solve this problem? (내가 어떻게 이 문제를 해결해야 할까?)

예문 폭탄

1 **How / do you do that?**
(어떻게 / 넌 그걸 하니?)

2 **How / does she study French?**
(어떻게 / 그녀는 프랑스어를 공부하니?)

3 **How / did you know my name?**
(어떻게 / 넌 내 이름을 알았니?)

4 **How / did he pass the interview?**
(어떻게 / 그가 그 면접을 통과했지?)

5 **How / did they catch him?**
(어떻게 / 그들이 그를 잡았니?)

6 **How / did it happen?**
(어떻게 / 그게 벌어졌니?)

7 **How / are you going to win this game?**
(어떻게 / 넌 이 게임을 이길 거니?)

8 **How / are they going to buy a house?**
(어떻게 / 그들이 집을 살 거지?)

9 **How / can I solve this problem?**
(어떻게 / 내가 이 문제를 풀 수 있을까?)

10 **How / can you lie / to me?**
(어떻게 / 네가 거짓말을 할 수 있니 / 나한테?)

1 어떻게 / 넌 공부하니 / 일본어를?

_____ / _____ / _____

2 어떻게 / 넌 일어나니 / 일찍?

_____ / _____ / _____

3 어떻게 / 넌 돈을 버니?

▶ 돈을 벌다 make money

_____ / _____

4 어떻게 / 그녀는 가니 / 직장에?

_____ / _____ / _____

5 어떻게 / 그들은 가르치니 / 널?

_____ / _____ / _____

6 어떻게 / 넌 기억했니 / 내 이름을?

_____ / _____ / _____

7 어떻게 / 넌 제거했니 / 이 얼룩을?

▶ 제거하다 remove   ▶ 얼룩 stain

_____ / _____ / _____

8 어떻게 / 넌 고쳤니 / 네 스마트폰을?

_____ / _____ / _____

9 어떻게 / 그가 죽었니?

_____ / _____

10 어떻게 / 그들은 깼니 / 이 창문을?

▶ 깨다 break

_____ / _____ / _____

11　어떻게 / 넌 갈 거니 / 거기에?

_____ / _____ / _____

12　어떻게 / 넌 요리할 거니 / 이걸?

_____ / _____ / _____

13　어떻게 / 넌 말할 거니 / 그에게?

_____ / _____ / _____

14　어떻게 / 그녀는 풀어낼 거지 / 이 퍼즐을?

▶ 풀어내다 solve

_____ / _____ / _____

15　어떻게 / 그들은 살 거지 / 이 콘도를?

_____ / _____ / _____

16　어떻게 / 내가 도와줄 수 있을까 / 널?

_____ / _____ / _____

17　어떻게 / 내가 잊을 수 있니 / 네 이름을?

_____ / _____ / _____

18　어떻게 / 내가 마스터할 수 있니 / 영어를?

_____ / _____ / _____

19　어떻게 / 넌 비웃을 수 있니 / 날?

▶ ~을 비웃다 laugh at

_____ / _____ / _____

20　어떻게 / 넌 잊을 수 있니 / 내 생일을?

_____ / _____ / _____

		4회	8회	12회
1	How do you study Japanese?	✓		
2	How do you wake up early?			
3	How do you make money?			
4	How does she go to work?			
5	How do they teach you?			
6	How did you remember my name?			
7	How did you remove this stain?			
8	How did you fix your smart phone?			
9	How did he die?			
10	How did they break this window?			
11	How are you going to go there?			
12	How are you going to cook this?			
13	How are you going to tell him?			
14	How is she going to solve this puzzle?			
15	How are they going to buy this condo?			
16	How can I help you?			
17	How can I forget your name?			
18	How can I master English?			
19	How can you laugh at me?			
20	How can you forget my birthday?			

입영작
마스터
훈련

조금 더 자연스러운
우리말 문장을 보고
실감나게 입영작하세요.

'걔'는 he가 될 수도
she가 될 수도 있으며
여러분의 선택입니다.

		1차	2차	3차
1	너 어떻게 일본어 공부해?			
2	너 어떻게 일찍 일어나?			
3	너 어떻게 돈 벌어?			
4	걔는 어떻게 일 가?			
5	걔네는 어떻게 널 가르쳐?			
6	너 어떻게 내 이름을 기억했어?			
7	너 어떻게 이 얼룩을 제거했어?			
8	너 어떻게 네 스마트폰 고쳤어?			
9	걔 어떻게 죽었어?			
10	걔네 어떻게 이 창문을 깼어?			
11	너 어떻게 거기 갈 거야?			
12	너 어떻게 이거 요리할 거야?			
13	너 어떻게 걔한테 말할 거야?			
14	걔는 어떻게 이 퍼즐을 풀어낼 거지?			
15	걔네는 어떻게 이 콘도를 살 거지?			
16	내가 어떻게 널 도와줄 수 있을까?			
17	내가 어떻게 네 이름을 잊을 수 있니?			
18	내가 어떻게 영어를 마스터할 수 있지?			
19	너 어떻게 날 비웃을 수 있어?			
20	너 어떻게 내 생일을 잊을 수 있어?			

심하게 버벅거림 : 1점
버벅거림은 줄었으나 책 읽듯 어색함 : 3점
연기하듯 자연스러움 : 5점

	1차	2차	3차
TOTAL			

40점 이하
연기낭독 훈련 부터 다시

41~79점
입영작 마스터 훈련 재도전

80점 이상
노란띠 5단 완성

WHO DOES SHE LIKE?

걔가 누굴 좋아하는데?

사용빈도
★★★★★
난이도
★★

서희: 주은이가 요즘 사랑에 빠진 느낌이야.

마유: 주은이가? 누굴? 걔가 누굴 좋아하는데?

서희: 너 왜 오버해? 너 혹시 주은이를…

상황 마유는 주은이가 **'누구를'** 좋아하는지 그 대상을 궁금해하고 있습니다.

무기

[Who] 누구를 / 누구에게 ~하니?

1 **[be동사] 혹은 [do동사]로 시작하는 질문은 '사실 여부' 이외의 정보는 알아낼 수 없습니다.**

예) <u>Did</u> you hit? (넌 때렸니?)
   <u>Do</u> you like? (넌 좋아하니?)

즉, Yes 혹은 No의 대답밖에는 듣지 못합니다.

2 **이때 질문형 문장 앞에 [Who]가 추가되면 '누구'라는 추가 정보를 얻어낼 수 있습니다.**

예) <u>Who</u> + did you hit? (<u>누구를</u> + 넌 때렸니?)
   <u>Who</u> + do you like? (<u>누구를</u> + 넌 좋아하니?)

3 **이번 무기는 [who]가 '목적어(=누구를/누구에게)'로 쓰인 경우입니다.**

예) <u>Who</u> did you pinch? (넌 <u>누구를</u> 꼬집었니?)

[Who] + [질문형 문장]?

현재	
	1 넌 누구를 따르니?
	2 [누구를] + [넌 따르니]?
	[Who] + [do you follow]?
	3 Who do you follow?

과거	
	1 그가 누구를 때렸니?
	2 [누구를] + [그가 때렸니]?
	[Who] + [did he hit]?
	3 Who did he hit?

현재진행	
	1 그들은 누구를 지지하고 있니?
	2 [누구를] + [그들은 지지하고 있니]?
	[Who] + [are they supporting]?
	3 Who are they supporting?

무기 UPGRADE	a. [be동사] 혹은 [do동사] 외에 can, would, be going to 등으로도 응용 가능함.
	예) Who are you going to choose? (넌 누굴 선택할 거니?)
	b. 문장 맨 뒤에 [with]를 추가하면 '누구랑'이라는 의미를 표현할 수 있음.
	예) Who did you eat with? (넌 누구랑 먹었니?)

예문 폭탄

1 **Who / do you respect?**
(누구를 / 너는 존경하니?)

2 **Who / does Iris like?**
(누구를 / Iris는 좋아하니?)

3 **Who / did you fire?**
(누구를 / 넌 해고했니?)

4 **Who / did they follow?**
(누구를 / 그들은 따라 갔니?)

5 **Who / did you hurt?**
(누구를 / 넌 상처 줬니?)

6 **Who / are you drinking with?**
(누구와 / 넌 마시고 있니?)

7 **Who / is she calling?**
(누구에게 / 그녀는 전화하고 있니?)

8 **Who / can I help?**
(누구를 / 내가 도와줄 수 있지?)

9 **Who / are you going to sue?**
(누구를 / 넌 고소할 거니?)

10 **Who / are we going to study with?**
(누구와 / 우리가 공부할 건가?)

STEP 1

손영작
입영작
어순 훈련

막히지 않을 때까지
손영작+입영작 무한반복 하세요.

1 누구를 / 넌 사랑하니?

_____ / _____

2 누구를 / 넌 싫어하니?

_____ / _____

3 누구를 / 그녀는 좋아하니?

_____ / _____

4 누구를 / 그들은 원하니?

_____ / _____

5 누구를 / 넌 좋아하니 / 여기에서?

_____ / _____ / _____

6 누구에게 / 넌 키스했니?

_____ / _____

7 누구에게 / 넌 물어봤니?

_____ / _____

8 누구랑 / 넌 공부했니?

_____ / _____

9 누구를 / 그들은 선택했니?

▶ 선택하다 choose

_____ / _____

10 누구에게 / 그녀는 전화했니 / 어제?

_____ / _____ / _____

11 누구에게 / 넌 전화하고 있니?

_____ / _____

12 누구를 / 넌 도와주고 있니?

_____ / _____

13 누구랑 / 넌 운동하고 있니?

_____ / _____

14 누구랑 / 그는 춤추고 있니?

_____ / _____

15 누구를 / 넌 선택할 거니?

_____ / _____

16 누구를 / 넌 고용할 거니?   ▶ 고용하다 hire

_____ / _____

17 누구에게 / 그녀는 전화할 거니?

_____ / _____

18 누구를 / 그들은 해고할 거니?   ▶ 해고하다 fire

_____ / _____

19 누구를 / 내가 선택할 수 있니?

_____ / _____

20 누구를 / 우리가 신뢰할 수 있니?   ▶ 신뢰하다 trust

_____ / _____

연기낭독
훈련

답을 맞춰 보며 상대방에게
이야기하듯 실감나게 낭독한
후 낭독 횟수를 체크하세요.

조용히, 억양 없이, 영혼 없이
낭독하면 공식으로만 남게
돼 매우 위험함.

		4회	8회	12회
1	Who do you love?	✓☐	☐☐	☐☐
2	Who do you hate?	☐☐	☐☐	☐☐
3	Who does she like?	☐☐	☐☐	☐☐
4	Who do they want?	☐☐	☐☐	☐☐
5	Who do you like here?	☐☐	☐☐	☐☐
6	Who did you kiss?	☐☐	☐☐	☐☐
7	Who did you ask?	☐☐	☐☐	☐☐
8	Who did you study with?	☐☐	☐☐	☐☐
9	Who did they choose?	☐☐	☐☐	☐☐
10	Who did she call yesterday?	☐☐	☐☐	☐☐
11	Who are you calling?	☐☐	☐☐	☐☐
12	Who are you helping?	☐☐	☐☐	☐☐
13	Who are you exercising with?	☐☐	☐☐	☐☐
14	Who is he dancing with?	☐☐	☐☐	☐☐
15	Who are you going to choose?	☐☐	☐☐	☐☐
16	Who are you going to hire?	☐☐	☐☐	☐☐
17	Who is she going to call?	☐☐	☐☐	☐☐
18	Who are they going to fire?	☐☐	☐☐	☐☐
19	Who can I choose?	☐☐	☐☐	☐☐
20	Who can we trust?	☐☐	☐☐	☐☐

STEP 3

입영작
마스터
훈련

조금 더 자연스러운
우리말 문장을 보고
실감나게 입영작하세요.

'걔'는 he가 될 수도
she가 될 수도 있으며
여러분의 선택입니다.

		1차	2차	3차
1	넌 누굴 사랑해?			
2	넌 누굴 싫어해?			
3	걔는 누굴 좋아해?			
4	걔네는 누굴 원해?			
5	넌 여기에서 누굴 좋아해?			
6	너 누구한테 키스했어?			
7	너 누구한테 물어봤어?			
8	너 누구랑 공부했어?			
9	걔네는 누굴 선택했어?			
10	걔는 어제 누구한테 전화했어?			
11	너 누구한테 전화하고 있어?			
12	너 누굴 도와주고 있어?			
13	너 누구랑 운동하고 있어?			
14	걔는 누구랑 춤추고 있어?			
15	넌 누굴 선택할 거야?			
16	넌 누굴 고용할 거야?			
17	걔가 누구한테 전화할 거지?			
18	걔네가 누굴 해고할 거지?			
19	내가 누굴 선택할 수 있어?			
20	우리가 누굴 신뢰할 수 있지?			

심하게 버벅거림 : 1점
버벅거림은 줄었으나 책 읽듯 어색함 : 3점
연기하듯 자연스러움 : 5점

	1차	2차	3차
TOTAL			

40점 이하

연기낭독
훈련 부터 다시

41~79점

입영작
마스터
훈련 재도전

80점 이상

노란띠
6
단 완성

WHO LIKES HER?

누가 걔를 좋아하는데?

서희: 누가 예림이를 좋아한다는 소문이 있던데.

마유: 예림이를? 누가? **누가 걔를 좋아하는데?**

서희: 너 왜 오버해? 너 혹시 예림이마저...

상황 마유는 '**누가**' 예림이를 좋아하는지 그 장본인을 궁금해하고 있습니다.

무기

[Who] 누가 ~하니?

1 [노란띠 6단]에서 다룬 [Who] + [질문형 문장]은
   [who]가 <u>목적어로</u> 쓰여 '누구를/누구에게'로 해석이 됩니다.

2 반면, 이번 [노란띠 7단]에서 다룰 [Who] + [동사]는
   [who]가 <u>주어로</u> 쓰여, '누가'로 해석이 됩니다.

   예) <u>Who</u> + likes me? (<u>누가</u> + 나를 좋아해?)
       <u>Who</u> + kissed you? (<u>누가</u> + 너한테 키스했어?)

3 현재시제에서는 뒤에 오는 동사를 무조건 3인칭 단수로 고정합니다.

   예) Who <u>likes</u> me? (누가 나를 좋아해?)
       Who <u>loves</u> you? (누가 너를 사랑해?)
       Who <u>supports</u> you? (누가 너를 지지해?)

무기 사용법

[Who] + [동사]?

현재	1	누가 상관하니? (=아무도 상관 안 해.)
	2	[누가] + [상관하니]?
		[Who] + [cares]?
	3	Who cares?
과거	1	누가 내 남동생을 때렸니?
	2	[누가] + [내 남동생을 때렸니]?
		[Who] + [hit my brother]?
	3	Who hit my brother?
현재진행	1	누가 너랑 살고 있니?
	2	[누가] + [살고 있니] + [너랑]?
		[Who] + [is living] + [with you]?
	3	Who is living with you?

무기 UPGRADE

[be동사]와 [do동사] 외에 can, would, be going to 등으로도 응용 가능함.
예) Who can do this? (누가 이걸 할 수 있니?)
예) Who is going to follow us to California? (누가 우릴 California로 따라올 거니?)

예문 폭탄

1 **Who / respects you?**
(누가 / 널 존경하니?)

2 **Who / likes your song?**
(누가 / 네 노래를 좋아하니?)

3 **Who / broke my phone?**
(누가 / 내 전화기를 망가뜨렸지?)

4 **Who / touched my new bag?**
(누가 / 내 새 가방을 만졌지?)

5 **Who / is drinking my coffee?**
(누가 / 내 커피를 마시고 있는 거지?)

6 **Who / is calling my husband?**
(누가 / 내 남편에게 전화하고 있는 거지?)

7 **Who / can solve this?**
(누가 / 이걸 해결할 수 있니?)

8 **Who / can save us?**
(누가 / 우리를 구할 수 있지?)

9 **Who / is going to volunteer?**
(누가 / 자원할 거지?)

10 **Who / is going to go / to Russia?**
(누가 / 갈 거지 / 러시아로?)

STEP 1

손영작
입영작
어순 훈련

막히지 않을 때까지
손영작+입영작 무한반복 하세요.

1   누가 / 사랑하니 / 널?

_____ / _____ / _____

2   누가 / 아니 / 널?

_____ / _____ / _____

3   누가 / 공부하니 / 너랑?

_____ / _____ / _____

4   누가 / 좋아하니 / 그녀를?

_____ / _____ / _____

5   누가 / 미워하니 / 내 형을?

_____ / _____ / _____

6   누가 / 전화했니 / 네게?

_____ / _____ / _____

7   누가 / 물어봤니 / 네게?

_____ / _____ / _____

8   누가 / 도망갔니 / 너랑?

▶ 도망가다 run away

_____ / _____ / _____

9   누가 / 놀렸니 / 널?

▶ ~를 놀리다 make fun of

_____ / _____ / _____

10   누가 / 훔쳤니 / 네 차를?

_____ / _____ / _____

11   누가 / 도와주고 있니 / 널?

_____ / _____ / _____

12   누가 / 전화하고 있니 / 네게?

_____ / _____ / _____

13   누가 / 마시고 있니 / 너랑?

_____ / _____ / _____

14   누가 / 걷고 있니 / 그녀랑?

_____ / _____ / _____

15   누가 / 만지고 있지 / 내 차를?

_____ / _____ / _____

16   누가 / 도와줄 거니 / 널?

_____ / _____ / _____

17   누가 / 가르쳐 줄 거니 / 널?

_____ / _____ / _____

18   누가 / 일할 거니 / 너랑?

_____ / _____ / _____

19   누가 / 도와줄 수 있니 / 날?

_____ / _____ / _____

20   누가 / 풀 수 있니 / 이 문제를?

▶ 풀다 solve

_____ / _____ / _____

STEP 2

연기낭독 훈련

답을 맞춰 보며 상대방에게 이야기하듯 실감나게 낭독한 후 낭독 횟수를 체크하세요.

조용히, 억양 없이, 영혼 없이 낭독하면 공식으로만 남게 돼 매우 위험함.

		4회	8회	12회
1	Who loves you?	✓		
2	Who knows you?			
3	Who studies with you?			
4	Who likes her?			
5	Who hates my brother?			
6	Who called you?			
7	Who asked you?			
8	Who ran away with you?			
9	Who made fun of you?			
10	Who stole your car?			
11	Who is helping you?			
12	Who is calling you?			
13	Who is drinking with you?			
14	Who is walking with her?			
15	Who is touching my car?			
16	Who is going to help you?			
17	Who is going to teach you?			
18	Who is going to work with you?			
19	Who can help me?			
20	Who can solve this problem?			

STEP 3

입영작
마스터
훈련

조금 더 자연스러운
우리말 문장을 보고
실감나게 입영작하세요.

'걔'는 he가 될 수도
she가 될 수도 있으며
여러분의 선택입니다.

		1차	2차	3차
1	누가 널 사랑해?			
2	누가 널 알아?			
3	누가 너랑 공부해?			
4	누가 걔를 좋아해?			
5	누가 내 형을 싫어해?			
6	누가 너한테 전화했어?			
7	누가 너한테 물어봤어?			
8	누가 너랑 도망갔어?			
9	누가 널 놀렸어?			
10	누가 네 차를 훔쳤어?			
11	누가 널 도와주고 있어?			
12	누가 너한테 전화하고 있어?			
13	누가 너랑 마시고 있어?			
14	누가 걔랑 걷고 있어?			
15	누가 내 차를 만지고 있지?			
16	누가 널 도와줄 거야?			
17	누가 널 가르쳐 줄 거야?			
18	누가 너랑 일할 거야?			
19	누가 날 도와줄 수 있지?			
20	누가 이 문제를 풀어낼 수 있지?			

심하게 버벅거림 : 1점
버벅거림은 줄었으나 책 읽듯 어색함 : 3점
연기하듯 자연스러움 : 5점

	1차	2차	3차
TOTAL			

40점 이하
연기낭독 훈련 부터 다시

41~79점
입영작 마스터 훈련 재도전

80점 이상
노란띠 7단 완성

파란띠

파란띠 도전에 앞서 질문 하나 드리겠습니다.

"영어 단어, 많이 알고 있나요?"

학생들로부터 이런 말을 참 많이 듣습니다.
"다른 건 몰라도 제가 단어는 좀 많이 알죠."

사실입니다. 실제로 한국 학생들은 높은 수준
의 단어들을 전세계 그 누구보다 훨씬 더 많이
알고 있습니다. 심지어 원어민도 모르는 수준
의 단어들을 아는 경우도 있습니다.
좋은 현상이죠. 하지만 걱정이 하나 있습니다.
정작 일상 대화에 쓰이는 단어는 얼마나 알고
있을까 하는 것.

제가, 단어 10개를 드릴 테니 스스로 테스트
해 보세요.
대신, 각 단어당 대답하는 데 3초 이상 걸리면
틀린 겁니다.
참고로, 테스트 단어들은 다음 수준을 넘지
않습니다.
• 최소한의 소통에 필요한 기초 생활 단어 수준
• 영어권 국가의 초등학교에서 중학교 수준의 단어

영어 단어.
정말 많이 알고 있나요?

[START]
#1	콧구멍
#2	면봉
#3	귤
#4	파
#5	다람쥐
#6	발톱
#7	배꼽
#8	체중계
#9	강아지
#10	자동차 운전대

답답함에 잠 못들 수 있으므로 정답 알려 드립니다.

#1 콧구멍 **nostril(s)**
#2 면봉 **cotton swab / Q-Tip** (상표명)
#3 귤 **tangerine / mandarin**
#4 파 **green onion / scallion**
#5 다람쥐 **squirrel / chipmunk**

#6 발톱 **toenail(s)**
#7 배꼽 **belly button / navel**
#8 체중계 **scale**
#9 강아지 **puppy**
#10 자동차 운전대 **steering wheel**

– 마스터유진

HOW COME YOU'RE LATE?

어째서 늦은 거야?

사용빈도
★★★
난이도
★★

현아: 나 배고프다고 그랬잖아! 어째서 늦은 거야?!
마유: 미안. 오다가 너 주려고 이 장미 사느라.
현아: 힝. 오빠...

상황 현아의 '어째서 늦은 거야?!'는 마유가 왜 늦었는지 그 이유가 궁금해서라기보단 오히려 '비난'에 가까운 말투입니다.

무기

[How come] 어째서 ~하니?

1   [노란띠 4단]에서 훈련한 [Why (왜)]는 무언가의 '이유, 원인, 목적'을 물어볼 때 사용합니다.

2   [How come (어째서)]도 비슷한 기능을 하지만, '믿기지 않음, 비난, 이해가 안 감' 등의 '감탄사' 느낌으로 더 많이 쓰입니다.

   예) Why did you call me yesterday? (왜 어제 나한테 전화했어?)
     ▶ 정말 왜 전화했는지 이유가 궁금해서 물어봄.

     How come you don't call me anymore? (어째서 나한테 더 이상 전화 안 하는 건데?)
     ▶ 이유가 궁금하기보단 비난에 가까움

3   또 하나의 차이점은, [Why] 뒤엔 [질문형 문장]의 어순인 반면, [How come] 뒤엔 [평서문]의 어순이라는 것입니다.

   예) Why are you here? ➜ How come you are here?

무기 사용법

[How come] + [평서문]?

현재	1	넌 어째서 항상 슬프니?
	2	[어째서] + [넌 항상 슬프니]?
		[How come] + [you are always sad]?
	3	How come you are always sad?
과거	1	그는 어째서 널 떠났니?
	2	[어째서] + [그는 너를 떠났니]?
		[How come] + [he left you]?
	3	How come he left you?
현재진행	1	넌 어째서 울고 있니?
	2	[어째서] + [넌 울고 있니]?
		[How come] + [you are crying]?
	3	How come you are crying?

무기 UPGRADE | [Why]와 [How come]의 경계는 흐릿하여 [Why]가 [How come]을 대체하는 경우도 많음.

예문 폭탄

1 **How come / you are so mean?**
(어째서 / 넌 그리 못됐니?)

2 **How come / you are always late?**
(어째서 / 넌 항상 늦니?)

3 **How come / she is always sick?**
(어째서 / 그녀는 항상 아프니?)

4 **How come / they don't care?**
(어째서 / 그들은 상관하지 않니?)

5 **How come / you didn't help me?**
(어째서 / 넌 날 안 도와줬니?)

6 **How come / he moved to Hollywood?**
(어째서 / 그가 할리우드로 이사 갔니?)

7 **How come / you are not working?**
(어째서 / 넌 일을 안 하고 있니?)

8 **How come / she is not wearing makeup?**
(어째서 / 그녀는 화장을 안 하고 있니?)

9 **How come / we are not happy?**
(어째서 / 우린 행복하지 않니?)

10 **How come / nobody is here?**
(어째서 / 여기 아무도 없니?)

STEP 1

손영작
입영작
어순 훈련

막히지 않을 때까지
손영작＋입영작 무한반복 하세요.

1 어째서 / 넌 못생겼니?

▶ 못생긴 ugly

_____ / _____

2 어째서 / 그는 멍청하니?

_____ / _____

3 어째서 / 넌 늦었니 / 또 다시?

_____ / _____ / _____

4 어째서 / 넌 일하니 / 매일?

_____ / _____ / _____

5 어째서 / 넌 거짓말하니 / 내게 / 또 다시?

_____ / _____ / _____ / _____

6 어째서 / 그녀는 행복하지 않지?

_____ / _____

7 어째서 / 우린 부유하지 않지?

_____ / _____

8 어째서 / 그들은 있지 않지 / 여기?

_____ / _____ / _____

9 어째서 / 넌 좋아하지 않니 / 날?

_____ / _____ / _____

10 어째서 / 넌 전화하지 않니 / 내게?

_____ / _____ / _____

11 어째서 / 넌 기억하지 않니 / 내 이름을?

_____ / _____ / _____

12 어째서 / 그는 고마워 하지 않니 / 네게?

▶ ~에 고마워 하다 thank

_____ / _____ / _____

13 어째서 / 그녀는 전화하지 않니 / 네게 / 더 이상?

▶ 더 이상 anymore

_____ / _____ / _____ / _____

14 어째서 / 그들은 모르니 / 널?

_____ / _____ / _____

15 어째서 / 그녀는 입지 않니 / 치마를?

_____ / _____ / _____

16 어째서 / 넌 전화하지 않았니 / 내게?

_____ / _____ / _____

17 어째서 / 넌 방문하지 않았니 / 그녀를?

_____ / _____ / _____

18 어째서 / 그녀는 오지 않았니?

_____ / _____

19 어째서 / 그들은 죽이지 않았지 / 그를?

_____ / _____ / _____

20 어째서 / 우린 몰랐지?

_____ / _____

		4회	8회	12회
1	How come you are ugly?	☑		
2	How come he is stupid?			
3	How come you are late again?			
4	How come you work every day?			
5	How come you lie to me again?			
6	How come she isn't happy?			
7	How come we are not rich?			
8	How come they are not here?			
9	How come you don't like me?			
10	How come you don't call me?			
11	How come you don't remember my name?			
12	How come he doesn't thank you?			
13	How come she doesn't call you anymore?			
14	How come they don't know you?			
15	How come she doesn't wear a skirt?			
16	How come you didn't call me?			
17	How come you didn't visit her?			
18	How come she didn't come?			
19	How come they didn't kill him?			
20	How come we didn't know?			

입영작
마스터
훈련

조금 더 자연스러운
우리말 문장을 보고
실감나게 입영작하세요.

'걔'는 he가 될 수도
she가 될 수도 있으며
여러분의 선택입니다.

		1차	2차	3차
1	넌 어째서 못생긴 거야?			
2	걔는 어째서 멍청한 거야?			
3	넌 어째서 또 늦은 거야?			
4	넌 어째서 매일 일하는 거야?			
5	넌 어째서 또 나한테 거짓말하는 거야?			
6	걔는 어째서 행복하지 않은 거야?			
7	우린 어째서 부유하지 않은 거야?			
8	걔네는 어째서 여기 있지 않은 거야?			
9	넌 어째서 날 좋아하지 않는 거야?			
10	넌 어째서 나한테 전화하지 않는 거야?			
11	넌 어째서 내 이름을 기억 못 하는 거야?			
12	걔는 어째서 너한테 고마워 하지 않는 거야?			
13	걔는 어째서 너한테 더 이상 전화 안 하는 거야?			
14	걔네는 어째서 널 모르는 거야?			
15	걔는 어째서 치마를 안 입는 거야?			
16	넌 어째서 나한테 전화 안 했던 거야?			
17	넌 어째서 걔를 방문 안 한 거야?			
18	걔는 어째서 오지 않은 거야?			
19	걔네는 어째서 걔를 죽이지 않은 거야?			
20	우린 어째서 몰랐지?			

심하게 버벅거림 : 1점
버벅거림은 줄었으나 책 읽듯 어색함 : 3점
연기하듯 자연스러움 : 5점

	1차	2차	3차
TOTAL			

40점 이하
연기낭독
훈련 부터 다시

41~79점
입영작
마스터
훈련 재도전

80점 이상
파란띠
1
단 완성

WHAT COLOR WOULD YOU LIKE?

무슨 색을 원하시죠?

스타일리스트: 머리 염색하시려고요? 무슨 색을 원하시죠?

마유: 제 나이에 노란색은 좀 무리죠?

스타일리스트: 그렇죠.

> **상황** 스타일리스트는 마유가 뭘 원하는지 둥그렇게 질문한 게 아니라, **'무슨 색'**으로의 염색을 원하는지 정확하고 구체적으로 질문을 하고 있습니다.

무기

[what 명사] 무슨 [명사]를 ~하니?

1 [be동사] 혹은 [do동사]로 시작하는 질문은
'사실 여부' 이외의 정보는 알아낼 수 없습니다.

예) <u>Are</u> you <u>eating</u>? (넌 먹고 있니?)
<u>Do</u> you <u>like</u>? (넌 좋아하니?)

즉, Yes 혹은 No의 대답밖에는 듣지 못합니다.

2 이때, 질문형 문장 앞에 [What 명사]가 추가되면 '무슨 명사'라는 구체적인 정보를
얻어낼 수 있습니다. 이때 [what] 뒤의 명사는 단수, 복수 모두 사용 가능합니다.

예) <u>What cake</u> + are you eating? (무슨 케이크를 + 넌 먹고 있니?)
<u>What color</u> + do you like? (무슨 색을 + 넌 좋아하니?)
<u>What colors</u> + do you like? (무슨 색들을 + 넌 좋아하니?)

3 [What] 뒤에 '날짜/시간'이 나올 경우, '무슨 명사를' 말고
'무슨 명사에 / 몇 명사에'로 해석될 때도 있습니다.

예) <u>What day</u> + did you move? (무슨 요일에 + 너는 이사했니?)
<u>What time</u> + did you leave? (몇 시에 + 너는 떠났니?)

무기 사용법

[What 명사] + [질문형 문장]?

현재

1 넌 무슨 향을 원하니?

2 [무슨 향을] + [넌 원하니]?

   [What scent] + [do you want]?

3 What scent do you want?

과거

1 넌 몇 시에 떠났니?

2 [무슨 시에] + [넌 떠났니]?

   [What time] + [did you leave]?

3 What time did you leave?

현재진행

1 넌 무슨 도구를 사용하고 있니?

2 [무슨 도구를] + [넌 사용하고 있니]?

   [What tool] + [are you using]?

3 What tool are you using?

무기 UPGRADE

[be동사]와 [do동사] 외에 can, would, be going to 등으로도 응용 가능함.
예) What color <u>can</u> I <u>use</u>? (제가 무슨 색을 써도 되나요?)
예) What name <u>are</u> you <u>going to use</u>? (넌 무슨 이름을 쓸 거야?)

예문 폭탄

1 **What time is it / now?**
(무슨 시야 (몇 시야) / 지금?)

2 **What day / do you want?**
(무슨 요일을 / 넌 원해?)

3 **What days / do you go / to school?**
(무슨 요일들에 / 넌 가니 / 학교에?)

4 **What show / are you watching / now?**
(무슨 쇼를 / 넌 시청하고 있어 / 지금?)

5 **What story / are you reading?**
(무슨 이야기를 / 넌 읽고 있어?)

6 **What theme / did you want?**
(무슨 주제를 / 넌 원했어?)

7 **What time / did they leave?**
(무슨 시에 (몇 시에) / 그들은 떠났니?)

8 **What year / were you born?**
(무슨 해에 (몇 년도에) / 넌 태어났니?)

9 **What time / are you going to go / home?**
(무슨 시에 (몇 시에) / 넌 갈 거야 / 집에?)

10 **What flavor / can I choose?**
(무슨 맛을 / 내가 선택할 수 있니?)

1 무슨 색을 / 넌 좋아하니?

_____ / _____

2 무슨 사이즈를 / 넌 원하니?

_____ / _____

3 무슨 요일들에 / 넌 일하니?

_____ / _____

4 무슨 시간 (몇 시)에 / 그들은 먹니 / 점심을?

_____ / _____ / _____

5 무슨 시간 (몇 시)에 / 넌 일어나니?

_____ / _____

6 무슨 색을 / 넌 샀니?

_____ / _____

7 무슨 타입을 / 그들은 원했지?

_____ / _____

8 무슨 도구를 / 넌 사용했니?

_____ / _____

9 무슨 시간 (몇 시)에 / 그들은 도착했니?　　▶ 도착하다 arrive

_____ / _____

10 무슨 요일에 / 넌 주문했니 / 이 카디건을?　　▶ 카디건 cardigan

_____ / _____ / _____

11 무슨 해 (몇 년도에) / 넌 졸업했니?

▶ 졸업하다 graduate

_____ / _____

12 무슨 모양을 / 넌 그렸니?

▶ 모양 shape ▶ 그리다 draw

_____ / _____

13 무슨 이름을 / 그녀는 선택했니?

_____ / _____

14 무슨 나라들을 / 넌 방문했니 / 작년에?

_____ / _____ / _____

15 무슨 숫자들을 / 그는 눌렀니?

▶ 누르다 press

_____ / _____

16 무슨 사이즈를 / 넌 주문할 거니?

_____ / _____

17 무슨 색을 / 넌 입을 거니?

_____ / _____

18 무슨 시간 (몇 시)에 / 넌 들릴 거니?

▶ 들르다 stop by

_____ / _____

19 무슨 시간 (몇 시)에 / 넌 전화할 거니 / 내게?

_____ / _____ / _____

20 무슨 브랜드들을 / 넌 살 거니?

_____ / _____

	4회	8회	12회
1 What color do you like?	☑☐	☐☐	☐☐
2 What size do you want?	☐☐	☐☐	☐☐
3 What days do you work?	☐☐	☐☐	☐☐
4 What time do they eat lunch?	☐☐	☐☐	☐☐
5 What time do you wake up?	☐☐	☐☐	☐☐
6 What color did you buy?	☐☐	☐☐	☐☐
7 What type did they want?	☐☐	☐☐	☐☐
8 What tool did you use?	☐☐	☐☐	☐☐
9 What time did they arrive?	☐☐	☐☐	☐☐
10 What day did you order this cardigan?	☐☐	☐☐	☐☐
11 What year did you graduate?	☐☐	☐☐	☐☐
12 What shape did you draw?	☐☐	☐☐	☐☐
13 What name did she choose?	☐☐	☐☐	☐☐
14 What countries did you visit last year?	☐☐	☐☐	☐☐
15 What numbers did he press?	☐☐	☐☐	☐☐
16 What size are you going to order?	☐☐	☐☐	☐☐
17 What color are you going to wear?	☐☐	☐☐	☐☐
18 What time are you going to stop by?	☐☐	☐☐	☐☐
19 What time are you going to call me?	☐☐	☐☐	☐☐
20 What brands are you going to buy?	☐☐	☐☐	☐☐

		1차	2차	3차
1	너 무슨 색 좋아해?	———	———	———
2	너 무슨 사이즈 원해?	———	———	———
3	너 무슨 요일들에 일해?	———	———	———
4	걔네는 몇 시에 점심 먹어?	———	———	———
5	너 몇 시에 일어나?	———	———	———
6	너 무슨 색 샀어?	———	———	———
7	걔네가 무슨 타입을 원했어?	———	———	———
8	넌 무슨 도구를 썼어?	———	———	———
9	걔네 몇 시에 도착했어?	———	———	———
10	너 무슨 요일에 이 카디건 주문했어?	———	———	———
11	너 몇 년도에 졸업했어?	———	———	———
12	너 무슨 모양 그렸어?	———	———	———
13	걔가 무슨 이름을 선택했어?	———	———	———
14	너 작년에 무슨 나라들을 방문했어?	———	———	———
15	걔가 무슨 숫자들을 눌렀어?	———	———	———
16	너 무슨 사이즈 주문할 거야?	———	———	———
17	너 무슨 색 입을 거야?	———	———	———
18	너 몇 시에 들릴 거야?	———	———	———
19	너 몇 시에 나한테 전화할 거야?	———	———	———
20	너 무슨 브랜드들을 살 거야?	———	———	———

심하게 버벅거림 : 1점
버벅거림은 줄었으나 책 읽듯 어색함 : 3점
연기하듯 자연스러움 : 5점

	1차	2차	3차
TOTAL			

40점 이하
연기낭독 훈련 부터 다시

41~79점
입영작 마스터 훈련 재도전

80점 이상
파란띠 2단 완성

WHICH BAG DO YOU LIKE?

어느 가방이 마음에 들어?

사용빈도
★★★★
난이도
★★☆

송이: 와. 나도 이런 명품 가방 하나 있으면 좋겠다.
마유: 그래? 어느 가방이 마음에 들어?
송이: 사 주려고!?
마유: 근데, 이런 거 5만원도 넘어? (해맑게)

상황 마유는 송이에게 뜬금없이 무슨 가방을 좋아하는지 물은 것이 아니라, 방금 본 가방 중에 '어느' 가방이 마음에 드는지 '한정된 옵션'을 주며 물어보고 있습니다.

무기

[Which 명사] 어느 [명사]를 ~하니?

1 [What 명사]가 [무슨 명사]라고 해석되는 반면, [Which 명사]는 [어느 명사]라고 해석되어 대답의 옵션을 어느 정도 한정시킵니다.

예) 무슨 색을 넌 좋아해? (What color do you like?)
   ▶ 대답할 수 있는 색의 옵션이 크게 정해져 있지 않음.

   어느 색을 넌 좋아해? (Which color do you like?)
   ▶ '하얀색, 파란색, 검정색 중에' 라는 말을 미리 했거나 몇 개의 색을 미리 보여 준 후에 물어봄으로써 대답할 수 있는
      색의 옵션을 어느 정도 한정시켜 놓음.

2 둘의 경계는 흐릿하여 바꿔 써도 소통이 되는 경우가 종종 있으며, 명사는 단수, 복수 모두 사용 가능합니다.

예) 어느 벨트 (which belt)
   어느 양말들 (which socks)

[Which 명사] + [질문형 문장]?

현재
1 어느 자동차를 넌 원하니?
2 [어느 자동차를] + [넌 원하니]?
[Which car] + [do you want]?
3 Which car do you want?

과거
1 어느 남자를 그녀는 선택했니?
2 [어느 남자를] + [그녀는 선택했니]?
[Which man] + [did she choose]?
3 Which man did she choose?

과거
'Which 명사'가 주어로 쓰인 경우: [질문형 문장] 대신 [동사]를 사용
1 어느 회사가 널 고용했니?
2 [어느 회사가] + [널 고용했니]?
[Which company] + [hired you]?
3 Which company hired you?

무기 UPGRADE
[be동사] 혹은 [do동사] 외에 can, would, be going to 등으로도 응용 가능함.
예) Which color can we use? (우리 어느 색 써도 되나요?)
예) Which materials are you going to use? (너 어느 재료들 쓸 거야?)

예문 폭탄

1 **Which software / do you use?**
(어느 소프트웨어를 / 넌 사용하니?)

2 **Which floor / is it?**
(어느 층 / 그것은 ~이니?)

3 **Which day / do you want?**
(어느 날을 / 넌 원하니?)

4 **Which parts / do you want?**
(어느 부품들을 / 넌 원하니?)

5 **Which straw / did he use?**
(어느 빨대를 / 그가 썼니?)

6 **Which cardigan / did she wear?**
(어느 카디건을 / 그녀가 입었니?)

7 **Which areas / did they visit?**
(어느 지역들을 / 그들은 방문했니?)

8 **Which song / can you sing / for me?**
(어느 노래를 / 넌 부를 수 있니 / 날 위해?)

9 **Which weapon / are you going to use?**
(어느 무기를 / 넌 사용할 거니?)

10 **Which window / are you going to replace?**
(어느 창문을 / 넌 교체할 거니?)

1 어느 가방을 / 넌 좋아하니?

_____ / _____

2 어느 책들을 / 넌 원하니?

_____ / _____

3 어느 팀을 / 넌 지지하니?

▶ 지지하다 support

_____ / _____

4 어느 치마를 / 그녀는 좋아하니?

_____ / _____

5 어느 차들을 / 그들은 원하니?

_____ / _____

6 어느 목걸이를 / 넌 팔았니?

_____ / _____

7 어느 책을 / 넌 읽었니?

_____ / _____

8 어느 영화들을 / 넌 봤니?

_____ / _____

9 어느 차를 / 넌 운전했니?

_____ / _____

10 어느 빌딩을 / 넌 샀니?

_____ / _____

11   어느 챕터들을 / 넌 복습했니?   ▶ 복습하다 review

_____ / _____

12   어느 로고들을 / 넌 디자인했니?

_____ / _____

13   어느 버튼을 / 넌 눌렀니?

_____ / _____

14   어느 나라들을 / 내가 방문할 수 있니?

_____ / _____

15   어느 웨딩드레스를 / 그녀가 입어도 되니?

_____ / _____

16   어느 반지를 / 넌 팔 거니?

_____ / _____

17   어느 하이힐들을 / 넌 주문할 거니?

_____ / _____

18   어느 드라마를 / 넌 볼 거니?

_____ / _____

19   어느 카디건을 / 그녀는 입을 거니?

_____ / _____

20   어느 회사들을 / 그들은 조사할거니?   ▶ 조사하다 investigate

_____ / _____

		4회	8회	12회
1	Which bag do you like?	☑		
2	Which books do you want?			
3	Which team do you support?			
4	Which skirt does she like?			
5	Which cars do they want?			
6	Which necklace did you sell?			
7	Which book did you read?			
8	Which movies did you watch?			
9	Which car did you drive?			
10	Which building did you buy?			
11	Which chapters did you review?			
12	Which logo did you design?			
13	Which button did you press?			
14	Which countries can I visit?			
15	Which wedding dress can she wear?			
16	Which ring are you going to sell?			
17	Which high heels are you going to order?			
18	Which drama are you going to watch?			
19	Which cardigan is she going to wear?			
20	Which companies are they going to investigate?			

STEP 3

입영작
마스터
훈련

조금 더 자연스러운
우리말 문장을 보고
실감나게 입영작하세요.

'걔'는 he가 될 수도
she가 될 수도 있으며
여러분의 선택입니다.

		1차	2차	3차
1	너 어느 가방 좋아해?			
2	너 어느 책들을 원해?			
3	너 어느 팀 지지해?			
4	걔는 어느 치마를 좋아해?			
5	걔네는 어떤 차들을 원해?			
6	너 어느 목걸이 팔았어?			
7	너 어느 책 읽었어?			
8	너 어느 영화들 봤어?			
9	너 어느 차 운전했어?			
10	너 어느 빌딩 샀어?			
11	너 어느 챕터들 복습했어?			
12	너 어느 로고를 디자인했어?			
13	너 어느 버튼 눌렀어?			
14	나 어느 나라들을 방문할 수 있어?			
15	걔는 어느 웨딩드레스를 입어도 돼?			
16	너 어느 반지 팔 거야?			
17	너 어느 하이힐들 주문할 거야?			
18	너 어느 드라마 볼 거야?			
19	걔가 어느 카디건을 입을 거지?			
20	걔네가 어느 회사들을 조사할 거지?			

심하게 버벅거림 : 1점
버벅거림은 줄었으나 책 읽듯 어색함 : 3점
연기하듯 자연스러움 : 5점

TOTAL	1차	2차	3차

40점 이하

연기낭독
훈련 부터 다시

41~79점

입영작
마스터
훈련 재도전

80점 이상

파란띠
3
단 완성

HOW OLD ARE YOU?

나이가 어떻게 되세요?

사용빈도
★★★★
난이도
★★☆

마유: 나이가 어떻게 되세요?

노안: 서른 다섯이요. 알아요, 저 동안인 거.

마유: 이름이 참 잘 어울리세요.

상황 마유는 상대방이 '나이가 들었는지 아닌지' 그 자체가 궁금한 게 아니라, 나이가 '**얼마나**' 들었는지, 즉 '**몇 살**'인지 궁금한 것입니다.

무기

[How 형용사] 얼마나 ~하니?

1 **[How 형용사]는 형용사한 정도를 물어보는 무기입니다.**

예) 이거 얼마나 달아요? (How sweet is this?)

넌 얼마나 멍청한 거니? (How stupid are you?)

나 얼마나 귀여워? (How cute am I?)

무기 사용법

[How 형용사] + [be동사 + 주어]?

현재
1 넌 얼마나 쿨하니?
2 [얼마나 쿨한] + [넌 ~이니]?
   [How cool] + [are you]?
3 How cool are you?

현재
1 그는 얼마나 뚱뚱하니?
2 [얼마나 뚱뚱한] + [그는 ~이니]?
   [How fat] + [is he]?
3 How fat is he?

과거
1 네 상황은 얼마나 나빴니?
2 [얼마나 나쁜] + [네 상황은 ~였니]?
   [How bad] + [was your situation]?
3 How bad was your situation?

무기 UPGRADE
[be동사] 외에 can, would, be going to 등으로도 응용 가능함.
예) How hard <u>can</u> it <u>be</u>? (그게 얼마나 어려울 수 있겠니?)
예) How easy is it <u>going to be</u>? (그게 얼마나 쉬울 건데요?)

예문 폭탄

1 **How sensitive / are you?**
(얼마나 민감한 / 넌 ~이니?)

2 **How good / is this ice cream?**
(얼마나 맛있는 / 이 아이스크림은 ~이니?)

3 **How fast / is this Ferrari?**
(얼마나 빠른 / 이 Ferrari는 ~이니?)

4 **How deep / is your love?**
(얼마나 깊은 / 네 사랑은 ~이니?)

5 **How tough / are you?**
(얼마나 터프한 / 넌 ~이니?)

6 **How lazy / was he?**
(얼마나 게으른 / 그는 ~였니?)

7 **How popular / were you?**
(얼마나 인기가 있는 / 넌 ~였니?)

8 **How easy / was the test?**
(얼마나 쉬운 / 그 시험은 ~였니?)

9 **How soft / was the silk?**
(얼마나 부드러운 / 그 실크는 ~였니?)

10 **How strict / were your parents?**
(얼마나 엄격한 / 너희 부모님은 ~셨니?)

STEP 1

손영작
입영작
어순 훈련

막히지 않을 때까지
손영작＋입영작 무한반복 하세요.

1 얼마나 나이 든 / 넌 ～이니?

_____ / _____

2 얼마나 키가 큰 / 넌 ～이니?

_____ / _____

3 얼마나 귀여운 / 그녀는 ～이니?

_____ / _____

4 얼마나 쿨한 / 네 남자친구는 ～이니?

_____ / _____

5 얼마나 먼 / 네 집은 ～이니?   ▶ 먼 far

_____ / _____

6 얼마나 싼 / 이 셔츠는 ～이니?

_____ / _____

7 얼마나 비싼 / 이 스포츠카는 ～이니?

_____ / _____

8 얼마나 무거운 / 이 상자는 ～이니?

_____ / _____

9 얼마나 긴 / 이 영화는 ～이니?

_____ / _____

10 얼마나 나이 든 / 그들은 ～이니?

_____ / _____

11 얼마나 긴장한 / 넌 ~였니?

▶ 긴장한 nervous

_____ / _____

12 얼마나 뚱뚱한 / 넌 ~였니?

_____ / _____

13 얼마나 섹시한 / 그녀는 ~였니?

_____ / _____

14 얼마나 딱딱한 / 그 껌은 ~였니?

▶ 딱딱한 hard

_____ / _____

15 얼마나 느린 / 그 거북은 ~였니?

▶ 거북 turtle

_____ / _____

16 얼마나 재미있는 / 그 영화는 ~였니?

▶ 재미있는 fun

_____ / _____

17 얼마나 어려운 / 그 시험은 ~였니?

_____ / _____

18 얼마나 달콤한 / 그 아이스라떼는 ~였니?

▶ 아이스라떼 iced latte

_____ / _____

19 얼마나 차가운 / 그 물은 ~였니?

_____ / _____

20 얼마나 뜨거운 / 그 수프는 ~였니?

_____ / _____

STEP 2

연기낭독
훈련

답을 맞춰 보며 상대방에게
이야기하듯 실감나게 낭독한
후 낭독 횟수를 체크하세요.

조용히 억양 없이 영혼 없이
낭독하면 공식으로만 남게
돼 매우 위험함.

		4회	8회	12회
1	How old are you?	☑		
2	How tall are you?			
3	How cute is she?			
4	How cool is your boyfriend?			
5	How far is your house?			
6	How cheap is this shirt?			
7	How expensive is this sports car?			
8	How heavy is this box?			
9	How long is this movie?			
10	How old are they?			
11	How nervous were you?			
12	How fat were you?			
13	How sexy was she?			
14	How hard was the gum?			
15	How slow was the turtle?			
16	How fun was the movie?			
17	How difficult was the test?			
18	How sweet was the iced latte?			
19	How cold was the water?			
20	How hot was the soup?			

입영작
마스터
훈련

조금 더 자연스러운
우리말 문장을 보고
실감나게 입영작하세요.

'걔'는 he가 될 수도
she가 될 수도 있으며
여러분의 선택입니다.

		1차	2차	3차
1	너 몇 살이야?			
2	너 키가 얼마나 커?			
3	걔는 얼마나 귀여워?			
4	네 남자친구 얼마나 쿨해?			
5	너네 집 얼마나 멀어?			
6	이 셔츠 얼마나 싸?			
7	이 스포츠카 얼마나 비싸?			
8	이 상자 얼마나 무거워?			
9	이 영화 얼마나 길어?			
10	걔네는 몇 살이야?			
11	너 얼마나 긴장했었어?			
12	너 얼마나 뚱뚱했어?			
13	걔가 얼마나 섹시했어?			
14	그 껌 얼마나 딱딱했어?			
15	그 거북은 얼마나 느렸어?			
16	그 영화 얼마나 재미있었어?			
17	그 시험 얼마나 어려웠어?			
18	그 아이스라떼 얼마나 달았어?			
19	그 물 얼마나 차가웠어?			
20	그 수프 얼마나 뜨거웠어?			

심하게 버벅거림 : 1점
버벅거림은 줄었으나 책 읽듯 어색함 : 3점
연기하듯 자연스러움 : 5점

	1차	2차	3차
TOTAL			

40점 이하
연기낭독
훈련 부터 다시

41~79점
입영작
마스터
훈련 재도전

80점 이상
파란띠
4
단 완성

HOW MUCH DO YOU EAT?

너 얼마나 많이 먹어?

사용빈도
★★★★
난이도
★★☆

현주: 너 얼마나 많이 먹어?

마유: 많이 안 먹어.

현주: 그럼 원래 살찐 거야?

상황 현주는 마유가 음식을 먹는지 안 먹는지 그 자체가 궁금한 게 아니라 '얼마나 많이' 먹는지 즉, 먹는 '양'을 물어보고 있습니다.

무기

[How 부사] 얼마나 [부사]하게 ~하니?

1 [How 부사]는 문장에서 [일반동사]와 함께 쓰여
어떤 행동을 '어느 정도로' 하는지 물어보는 무기입니다.

예) 너 얼마나 완벽하게 노래할 수 있어? (<u>How perfectly</u> can you sing?)

갸가 얼마나 슬프게 울었어? (<u>How sadly</u> did he cry?)

너 얼마나 세게 갸를 때렸어? (<u>How hard</u> did you hit him?)

[How 부사] + [질문형 문장]?

현재

1 넌 얼마나 느리게 걷니?

2 [얼마나 느리게] + [너는 걷니]?
   [How slowly] + [do you walk]?

3 How slowly do you walk?

과거

1 넌 얼마나 일찍 도착했니?

2 [얼마나 일찍] + [너는 도착했니]?
   [How early] + [did you arrive]?

3 How early did you arrive?

능력/가능성

1 넌 얼마나 빠르게 랩 할 수 있니?

2 [얼마나 빠르게] + [너는 랩 할 수 있니]?
   [How fast] + [can you rap]?

3 How fast can you rap?

무기 UPGRADE	[be동사]와 [do동사] 외에 can, would, be going to 등으로도 응용 가능함. 예) How early <u>can</u> you <u>come</u>? (너 얼마나 일찍 올 수 있어?) 예) How soon <u>are</u> you <u>going to call</u> me? (너 얼마나 금방 나한테 <u>전화할 거야</u>?)

예문 폭탄

1 **How much / do you drink?**
(얼마나 많이 / 넌 마시니?)

2 **How early / does he wake up?**
(얼마나 일찍 / 그는 일어나니?)

3 **How late / did you leave?**
(얼마나 늦게 / 너는 떠났니?)

4 **How smoothly / did you dance?**
(얼마나 매끄럽게 / 넌 춤췄니?)

5 **How hard / did you throw the ball?**
(얼마나 세게 / 넌 그 공을 던졌니?)

6 **How long / did he wait?**
(얼마나 오래 / 그는 기다렸니?)

7 **How much / can you lift?**
(얼마나 많이 / 넌 들어올릴 수 있니?)

8 **How early / can she come / here?**
(얼마나 일찍 / 그녀는 올 수 있니 / 여기?)

9 **How long / are you going to wait?**
(얼마나 오래 / 넌 기다릴 거니?)

10 **How far / is she going to fly?**
(얼마나 멀리 / 그녀는 비행할 거니?)

1   얼마나 많이 / 넌 먹니?

_____ / _____

2   얼마나 빠르게 / 넌 운전하니?

_____ / _____

3   얼마나 열심히 / 넌 공부하니?

_____ / _____

4   얼마나 느리게 / 그는 걷니?

_____ / _____

5   얼마나 깊게 / 그녀는 자니?

_____ / _____

6   얼마나 멀리 / 넌 갔니?

_____ / _____

7   얼마나 오래 / 그들은 공부했니?

_____ / _____

8   얼마나 빠르게 / 넌 달렸니?

_____ / _____

9   얼마나 자주 / 넌 방문했니 / 일본을?

_____ / _____ / _____

10   얼마나 늦게 / 넌 도착했니?

_____ / _____

11 얼마나 많이 / 그녀는 마셨니?

_____ / _____

12 얼마나 행복하게 / 그들은 살았니?

_____ / _____

13 얼마나 세게 / 넌 꼬집었니 / 그를?　　　　　　　　　　　▶ 세게 hard　▶ 꼬집다 pinch

_____ / _____ / _____

14 얼마나 일찍 / 그녀는 일어났니?

_____ / _____

15 얼마나 정기적으로 / 넌 운동했니?　　　　　　　　　　　　　　▶ 정기적으로 regularly

_____ / _____

16 얼마나 높게 / 넌 점프할 수 있니?　　　　　　　　　　　　　　　　　▶ 높게 high

_____ / _____

17 얼마나 낮게 / 넌 노래할 수 있니?　　　　　　　　　　　　　　　　　▶ 낮게 low

_____ / _____

18 얼마나 빨리 / 그는 수영할 수 있니?

_____ / _____

19 얼마나 오래 / 넌 머물 거니 / 여기에?　　　　　　　　　　　　　　▶ 머물다 stay

_____ / _____ / _____

20 얼마나 곧 / 넌 떠날 거니?

_____ / _____

STEP 2

연기낭독
훈련

답을 맞춰 보며 상대방에게
이야기하듯 실감나게 낭독한
후 낭독 횟수를 체크하세요.

조용히, 억양 없이, 영혼 없이
낭독하면 공식으로만 남게
돼 매우 위험함.

		4회	8회	12회
1	How much do you eat?	✓		
2	How fast do you drive?			
3	How hard do you study?			
4	How slowly does he walk?			
5	How deeply does she sleep?			
6	How far did you go?			
7	How long did they study?			
8	How fast did you run?			
9	How often did you visit Japan?			
10	How late did you arrive?			
11	How much did she drink?			
12	How happily did they live?			
13	How hard did you pinch him?			
14	How early did she wake up?			
15	How regularly did you exercise?			
16	How high can you jump?			
17	How low can you sing?			
18	How fast can he swim?			
19	How long are you going to stay here?			
20	How soon are you going to leave?			

STEP 3

입영작
마스터
훈련

조금 더 자연스러운
우리말 문장을 보고
실감나게 입영작하세요.

'걔'는 he가 될 수도
she가 될 수도 있으며
여러분의 선택입니다.

		1차	2차	3차
1	너 얼마나 많이 먹어?			
2	너 얼마나 빠르게 운전해?			
3	너 얼마나 열심히 공부해?			
4	걔는 얼마나 느리게 걸어?			
5	걔는 얼마나 깊게 자?			
6	너 얼마나 멀리 갔어?			
7	걔네가 얼마나 오래 공부했어?			
8	넌 얼마나 빨리 달렸어?			
9	너 얼마나 자주 일본을 방문했어?			
10	너 얼마나 늦게 도착했어?			
11	걔는 얼마나 많이 마셨어?			
12	걔네는 얼마나 행복하게 살았어?			
13	너 얼마나 세게 걔를 꼬집었어?			
14	걔는 얼마나 일찍 일어났어?			
15	너 얼마나 정기적으로 운동했어?			
16	너 얼마나 높게 점프할 수 있어?			
17	너 얼마나 낮게 노래할 수 있어?			
18	걔는 얼마나 빠르게 수영할 수 있어?			
19	너 얼마나 오래 여기 머물 거야?			
20	너 얼마나 금방 떠날 거야?			

심하게 버벅거림 : 1점
버벅거림은 줄었으나 책 읽듯 어색함 : 3점
연기하듯 자연스러움 : 5점

TOTAL

1차	2차	3차

40점 이하   41~79점   80점 이상

연기낭독
훈련 부터 다시

입영작
마스터
훈련 재도전

파란띠
5
단 완성

HOW MANY BOYFRIENDS DO YOU HAVE?

파란띠
6
단

너 대체 남자친구가 몇 명이야?

마유: 너 현철이랑 헤어졌어? 새 남자친구 생겼단 소문이 있던데.

지민: 현철이는 현철이. 새 남자친구는 새 남자친구.

마유: 뭐야. 너 대체 남자친구가 몇 명이야?

상황 마유는 지민이가 남자친구가 있는지 없는지가 궁금한 게 아닙니다.
도대체 **'몇 명의'** 남자친구가 있는지 그 **'수'**가 궁금한 것입니다.

무기

[How many 복수명사]
얼마나 많은 [복수명사]를 / 얼마나 많은 [복수명사]가 ~하니?

1 [How many 복수명사]는 뭔가의 '수'를 물어보는 무기입니다.
[Who]와 마찬가지로 [How many 복수명사]는
문장에서 주어와 목적어로 모두 쓰일 수 있습니다.

2 주어로 쓰일 때의 어순: [How many 복수명사] + [동사]?

예) How many men + <u>like you</u>? (얼마나 많은 남자들이 + 널 좋아하니?)

3 목적어로 쓰일 때의 어순: [How many 복수명사] + [질문형 문장]?

예) How many men + <u>do you like</u>? (얼마나 많은 남자들을 + 넌 좋아하니?)

4 상황에 따라서 '얼마나 많은 명사' 외에 '명사 몇 명 / 명사 몇 개' 등으로
해석하는 게 자연스럽기도 합니다.

[How many 복수명사] + [질문형 문장]?
[How many 복수명사] + [동사]?

현재
1 넌 팬들을 몇이나 가지고 있니?
2 [얼마나 많은 팬들을] + [넌 가지고 있니]?
   [How many fans] + [do you have]?
3 How many fans do you have?

과거
1 그는 며칠을 울었니?
2 [얼마나 많은 날들을] + [그는 울었니]?
   [How many days] + [did he cry]?
3 How many days did he cry?

현재
1 몇 명이 널 좋아하니?
2 [얼마나 많은 사람들이] + [널 좋아하니]?
   [How many people] + [like you]?
3 How many people like you?

무기 UPGRADE
[be동사] 혹은 [do동사] 외에 can, would, be going to 등으로도 응용 가능함.
예) How many pieces can you eat? (너 몇 조각 먹을 수 있어?)
예) How many hours are you going to sleep? (너 몇 시간 잘 거야?)

예문 폭탄

1 How many high heels / do you have?
(얼마나 많은 하이힐들을 (하이힐들을 몇 개나) / 넌 가지고 있니?)

2 How many spoons / do they need?
(얼마나 많은 숟가락들을 (숟가락을 몇 개나) / 그들은 필요로 하니?)

3 How many people / have this problem?
(얼마나 많은 사람들이 (몇 명이나) / 이 문제를 가지고 있니?)

4 How many cars / are black?
(얼마나 많은 차들이 (차가 몇 대가) / 검정색이니?)

5 How many employees / did you hire?
(얼마나 많은 직원들을 (직원들을 몇 명이나) / 넌 고용했니?)

6 How many soldiers / died?
(얼마나 많은 군인들이 (군인들이 몇 명이나) / 전사했니?)

7 How many countries / are you going to visit?
(얼마나 많은 나라들을 (몇 개국이나) / 넌 방문할 거니?)

8 How many days / is she going to stay?
(얼마나 많은 날들을 (며칠을) / 그녀는 머물 거니?)

9 How many shots / can you drink?
(얼마나 많은 잔들을 (몇 잔이나) / 넌 마실 수 있니?)

10 How many hours / can we stay?
(얼마나 많은 시간들을 (몇 시간을) / 우린 머물 수 있니?)

STEP 1

손영작
입영작
어순 훈련

막히지 않을 때까지
손영작＋입영작 무한반복 하세요.

1 얼마나 많은 남자친구들을 / 넌 가지고 있니?

_____ / _____

2 얼마나 많은 여자애들을 / 넌 좋아하니?

_____ / _____

3 얼마나 많은 방들을 / 넌 필요로 하니?

_____ / _____

4 얼마나 많은 남자들이 / 사랑하니 / 널?

_____ / _____ / _____

5 얼마나 많은 드레스들이 / 빨간색이니?

_____ / _____

6 얼마나 많은 병들을 / 넌 마셨니?

_____ / _____

7 얼마나 많은 치마들을 / 넌 샀니?

_____ / _____

8 얼마나 많은 아이들을 / 그들은 도와줬니?

_____ / _____

9 얼마나 많은 사람들이 / 따랐니 / 널?

▶ 따르다 follow

_____ / _____ / _____

10 얼마나 많은 학생들이 / 프랑스인이었니?

_____ / _____

11 얼마나 많은 쿠키들을 / 넌 먹을 수 있니?

_____ / _____

12 얼마나 많은 여자애들을 / 넌 초대할 수 있니?

_____ / _____

13 얼마나 많은 티켓들을 / 내가 살 수 있니?

_____ / _____

14 얼마나 많은 언어들을 / 넌 말할 수 있니?

_____ / _____

15 얼마나 많은 사람들이 / 이걸 할 수 있니?

_____ / _____

16 얼마나 많은 사람들을 / 넌 고용할 거니?

_____ / _____

17 얼마나 많은 정치인들을 / 넌 조사할 거니?

▶ 정치인 politician   ▶ 조사하다 investigate

_____ / _____

18 얼마나 많은 시간들을 / 넌 잘 거니?

_____ / _____

19 얼마나 많은 챕터들을 / 그녀는 끝낼 거니?

_____ / _____

20 얼마나 많은 컵들을 / 넌 마실 거니?

_____ / _____

		4회	8회	12회
1	How many boyfriends do you have?	☑	☐	☐
2	How many girls do you like?	☐	☐	☐
3	How many rooms do you need?	☐	☐	☐
4	How many men love you?	☐	☐	☐
5	How many dresses are red?	☐	☐	☐
6	How many bottles did you drink?	☐	☐	☐
7	How many skirts did you buy?	☐	☐	☐
8	How many children did they help?	☐	☐	☐
9	How many people followed you?	☐	☐	☐
10	How many students were French?	☐	☐	☐
11	How many cookies can you eat?	☐	☐	☐
12	How many girls can you invite?	☐	☐	☐
13	How many tickets can I buy?	☐	☐	☐
14	How many languages can you speak?	☐	☐	☐
15	How many people can do this?	☐	☐	☐
16	How many people are you going to hire?	☐	☐	☐
17	How many politicians are you going to investigate?	☐	☐	☐
18	How many hours are you going to sleep?	☐	☐	☐
19	How many chapters is she going to finish?	☐	☐	☐
20	How many cups are you going to drink?	☐	☐	☐

STEP 3

입영작
마스터
훈련

조금 더 자연스러운
우리말 문장을 보고
실감나게 입영작하세요.

'걔'는 he가 될 수도
she가 될 수도 있으며
여러분의 선택입니다.

		1차	2차	3차
1	너 남자친구 몇 명 가지고 있어?			
2	너 여자애 몇 명 좋아해?			
3	너 방 몇 개 필요해?			
4	남자들 몇 명이 널 사랑해?			
5	드레스 몇 개가 빨간색이야?			
6	너 몇 병 마셨어?			
7	너 치마 몇 개 샀어?			
8	걔네가 애들 몇 명을 도와줬어?			
9	몇 사람이 널 따랐어?			
10	학생 몇 명이 프랑스인이었어?			
11	너 쿠키 몇 개 먹을 수 있어?			
12	너 여자애 몇 명 초대할 수 있어?			
13	나 티켓 몇 개 살 수 있어?			
14	너 언어 몇 개 말할 수 있어?			
15	몇 사람이 이걸 할 수 있지?			
16	너 사람 몇 명 고용할 거야?			
17	너 정치인 몇 명을 조사할 거야?			
18	너 몇 시간 잘 거야?			
19	걔는 챕터 몇 개를 끝낼 거지?			
20	너 몇 컵 마실 거야?			

심하게 버벅거림 : 1점
버벅거림은 줄었으나 책 읽듯 어색함 : 3점
연기하듯 자연스러움 : 5점

TOTAL	1차	2차	3차

40점 이하
연기낭독 훈련 부터 다시

41~79점
입영작 마스터 훈련 재도전

80점 이상
파란띠 6단 완성

HOW MUCH MONEY DO YOU HAVE?

너 돈 얼마나 있어?

마유: 야, 너 돈 좀 있어? 만 원만 빌리자.
새남: 내가 거지인 거... 네가 더 잘 알지 않나?
마유: 너 돈 얼마나 있는데?

상황 질문이 단순히 돈이 '있느냐 없느냐'에서
'**얼마의 돈이** 있느냐'로 좁혀져 '**양**'을 물어보는 질문이 되었습니다.

무기

[How much 불가산명사]
얼마나 많은 [불가산명사]를 ∼하니?

1
[How much 불가산명사]는 뭔가의 '양'를 물어보는 무기입니다.
[How much 불가산명사]는 [How many 복수명사]와 달리
대부분 목적어로 쓰입니다.

예) 넌 얼마나 많은 돈을 낭비했니? (How much money did you waste?)
그녀는 하루에 얼마나 많은 커피를 마시니? (How much coffee does she drink a day?)
넌 나한테 얼마나 많은 돈을 줄 수 있니? (How much money can you give me?)

2
[불가산명사]란 '한 개, 두 개' 이렇게 세는 것 자체가 불가능한 명사를 말합니다.

예) money (돈), time (시간), water (물), etc.

3
[How much 불가산명사]는 '얼마나 많은 [불가산명사]를' 외에 상황에 따라
[불가산명사]를 얼마나'로 해석될 때도 있습니다.

예) How much money… (얼마나 많은 돈을… ➡ 돈을 얼마나…)

무기 사용법

[How much 불가산명사] + [질문형 문장]?

현재
1. 우리 시간 얼마나 있니?
2. [얼마나 많은 시간을] + [우린 가지고 있니]?
   [How much time] + [do we have]?
3. How much time do we have?

과거
1. 그녀는 물을 얼마나 마셨니?
2. [얼마나 많은 물을] + [그녀는 마셨니]?
   [How much water] + [did she drink]?
3. How much water did she drink?

능력/가능성
1. 넌 무게를 얼마나 들 수 있니?
2. [얼마나 많은 무게를] + [넌 들 수 있니]?
   [How much weight] + [can you lift]?
3. How much weight can you lift?

무기 UPGRADE
[be동사]와 [do동사] 외에 can, would, be going to로도 응용 가능함.
예) How much money <u>can</u> you <u>invest</u>? (얼마나 많은 돈을 투자할 수 있어요?)
예) How much money <u>would</u> you <u>spend</u>? (돈 얼마를 쓰시겠어요?)

예문 폭탄

1. **How much water / do we have?**
   (얼마나 많은 물을 (물을 얼마나) / 우린 가지고 있니?)

2. **How much gas / do you need?**
   (얼마나 많은 휘발유를 (휘발유를 얼마나) / 넌 필요로 하니?)

3. **How much money / did you save?**
   (얼마나 많은 돈을 (돈을 얼마나) / 넌 저축했니?)

4. **How much time / did she waste?**
   (얼마나 많은 시간을 (시간을 얼마나) / 그녀는 허비했니?)

5. **How much food / can you eat?**
   (얼마나 많은 음식을 (음식을 얼마나) / 넌 먹을 수 있니?)

6. **How much milk / can I buy?**
   (얼마나 많은 우유를 (우유를 얼마나) / 내가 살 수 있니?)

7. **How much money / can we borrow?**
   (얼마나 많은 돈을 (돈을 얼마나) / 우리가 빌릴 수 있니?)

8. **How much help / can you provide?**
   (얼마나 많은 도움을 (도움을 얼마나) / 넌 제공할 수 있니?)

9. **How much soup / are you going to buy?**
   (얼마나 많은 수프를 (수프를 얼마나) / 넌 살 거니?)

10. **How much time / is he going to spend?**
    (얼마나 많은 시간을 (시간을 얼마나) / 그는 쓸 거니?)

STEP 1

손영작
입영작
어순 훈련

막히지 않을 때까지
손영작+입영작 무한반복 하세요.

1   얼마나 많은 돈을 / 넌 가지고 있니?

_____ / _____

2   얼마나 많은 시간을 / 넌 필요로 하니?

_____ / _____

3   얼마나 많은 돈을 / 넌 버니?

_____ / _____

4   얼마나 많은 물을 / 그녀는 마시니 / 매일?

_____ / _____ / _____

5   얼마나 많은 정보를 / 그들은 원하니?

▶ 정보 information

_____ / _____

6   얼마나 많은 커피를 / 넌 마셨니?

_____ / _____

7   얼마나 많은 현금을 / 넌 훔쳤니?

▶ 현금 cash   ▶ 훔치다 steal

_____ / _____

8   얼마나 많은 시간을 / 넌 썼니?

▶ 돈, 시간 등을 쓰다 spend

_____ / _____

9   얼마나 많은 설탕을 / 그녀는 사용했니?

_____ / _____

10   얼마나 많은 돈을 / 그는 투자했니?

▶ 투자하다 invest

_____ / _____

11 얼마나 많은 사랑을 / 넌 보여 줄 수 있니 / 내게?

_____ / _____ / _____

12 얼마나 많은 시간을 / 넌 줄 수 있니 / 내게?

_____ / _____ / _____

13 얼마나 많은 소금을 / 우리는 사용할 수 있니?

_____ / _____

14 얼마나 많은 맥주를 / 그는 마실 수 있니?

_____ / _____

15 얼마나 많은 돈을 / 내가 써도 되니?

_____ / _____

16 얼마나 많은 소주를 / 넌 수입할 거니?

▶ 수입하다 import

_____ / _____

17 얼마나 많은 가스를 / 넌 사용할 거니?

_____ / _____

18 얼마나 많은 공간을 / 넌 렌트할 거니?

▶ 공간 space

_____ / _____

19 얼마나 많은 음식을 / 그녀는 요리할 거니?

_____ / _____

20 얼마나 많은 돈을 / 그들은 빌릴 거니?

▶ 빌리다 borrow

_____ / _____

STEP 2

연기낭독
훈련

답을 맞춰 보며 상대방에게
이야기하듯 실감나게 낭독한
후 낭독 횟수를 체크하세요.

조용히, 억양 없이, 영혼 없이
낭독하면 공식으로만 남게
돼 매우 위험함.

		4회	8회	12회
1	How much money do you have?	✓		
2	How much time do you need?			
3	How much money do you make?			
4	How much water does she drink every day?			
5	How much information do they want?			
6	How much coffee did you drink?			
7	How much cash did you steal?			
8	How much time did you spend?			
9	How much sugar did she use?			
10	How much money did he invest?			
11	How much love can you show me?			
12	How much time can you give me?			
13	How much salt can we use?			
14	How much beer can he drink?			
15	How much money can I spend?			
16	How much soju are you going to import?			
17	How much gas are you going to use?			
18	How much space are you going to rent?			
19	How much food is she going to cook?			
20	How much money are they going to borrow?			

입영작
마스터
훈련

조금 더 자연스러운
우리말 문장을 보고
실감나게 입영작하세요.

'걔'는 he가 될 수도
she가 될 수도 있으며
여러분의 선택입니다.

		1차	2차	3차
1	너 돈 얼마나 가지고 있어?	———	———	———
2	너 시간 얼마나 필요해?	———	———	———
3	너 돈 얼마나 벌어?	———	———	———
4	걔는 매일 물 얼마나 마셔?	———	———	———
5	걔네는 정보를 얼마나 원해?	———	———	———
6	너 커피 얼마나 마셨어?	———	———	———
7	너 현금 얼마나 훔쳤어?	———	———	———
8	너 시간 얼마나 썼어?	———	———	———
9	걔는 설탕을 얼마나 썼어?	———	———	———
10	걔는 돈을 얼마나 투자했어?	———	———	———
11	너 나한테 사랑을 얼마나 보여 줄 수 있어?	———	———	———
12	너 나한테 시간 얼마나 줄 수 있어?	———	———	———
13	우리 소금 얼마나 쓸 수 있어?	———	———	———
14	걔는 맥주 얼마나 마실 수 있어?	———	———	———
15	나 돈 얼마나 써도 돼?	———	———	———
16	너 소주 얼마나 수입할 거야?	———	———	———
17	너 가스 얼마나 쓸 거야?	———	———	———
18	너 공간 얼마나 렌트할 거야?	———	———	———
19	걔는 음식을 얼마나 요리할 거지?	———	———	———
20	걔네는 돈을 얼마나 빌릴 거지?	———	———	———

심하게 버벅거림 : 1점
버벅거림은 줄었으나 책 읽듯 어색함 : 3점
연기하듯 자연스러움 : 5점

	1차	2차	3차
TOTAL			

40점 이하
연기낭독
훈련 → 부터 다시

41~79점
입영작
마스터
훈련 → 재도전

80점 이상
파란띠
7
단 → 완성

WHOSE BOYFRIEND ARE YOU?

자기는 누구 남자친구야?

파란띠 **8**단

잔디: 내가 누구 여자친구지?
마유: 물론, 내 여자친구지.
잔디: 그럼 자기는 누구 남자친군데?
철수: 얘들아. 그만 멈춰 주겠니...

상황 잔디는 마유가 남자친구라는 신분을 가지고 있는지가 궁금한 게 아닙니다.
'**누구의**' 남자친구인지를 드러내는 것이 바로 잔디의 목표였습니다.

무기

[Whose 명사]

누구의 [명사]니? / 누구의 [명사]를 ~하니?

---

1 **[Whose 명사]는 뭔가에 대한 소유권을 물어보는 무기입니다.**

예) 넌 <u>누구의 딸</u>이니? (<u>Whose daughter</u> are you?)
  이건 <u>누구의 스포츠카</u>니? (<u>Whose sports car</u> is this?)
  넌 <u>누구의 남동생</u>을 좋아하니? (<u>Whose brother</u> do you like?)

2 **[Whose] 뒤에 오는 명사는 단수, 복수 모두 사용 가능합니다.**

예) 누구의 <u>스카프</u> (whose <u>scarf</u>)
  누구의 <u>스카프들</u> (whose <u>scarves</u>)

사용빈도
★★★★
난이도
★★☆

[Whose 명사] + [질문형 문장]?

현재	1	넌 누구의 딸이니?
	2	[누구의 딸] + [넌 ~이니]?
		[Whose daughter] + [are you]?
	3	Whose daughter are you?

현재	1	넌 누구의 친구를 좋아하니?
	2	[누구의 친구를] + [넌 좋아하니]?
		[Whose friend] + [do you like]?
	3	Whose friend do you like?

과거	1	넌 누구의 돈을 훔쳤니?
	2	[누구의 돈을] + [넌 훔쳤니]?
		[Whose money] + [did you steal]?
	3	Whose money did you steal?

무기 UPGRADE

[be동사]와 [do동사] 외에 can, would, be going to 등으로도 응용 가능함.
예) Whose car <u>can</u> we <u>drive</u>? (우리가 누구의 차를 운전해도 되나요?)
예) Whose family <u>are</u> you <u>going to visit</u>? (너 누구의 가족을 방문할 거야?)

예문 폭탄

1 **Whose scarf / is this?**
(누구의 스카프 / 이것은 ~이니?)

2 **Whose high heels / are these?**
(누구의 하이힐들 / 이것들은 ~이니?)

3 **Whose secret / do you know?**
(누구의 비밀을 / 넌 아니?)

4 **Whose comments / does he like?**
(누구의 코멘트들을 / 그는 좋아하니?)

5 **Whose voice / was it?**
(누구의 목소리 / 그것은 ~였니?)

6 **Whose son / did he save?**
(누구의 아들을 / 그는 구했니?)

7 **Whose picture / did you take?**
(누구의 사진을 / 넌 찍었니?)

8 **Whose credit card / can you use?**
(누구의 신용카드를 / 넌 쓸 수 있니?)

9 **Whose idea / are you going to pick?**
(누구의 아이디어를 / 넌 뽑을 거니?)

10 **Whose house / is he going to repair?**
(누구의 집을 / 그는 수리할 거니?)

STEP 1

손영작
입영작
어순 훈련

막히지 않을 때까지
손영작＋입영작 무한반복 하세요.

1 누구의 립스틱 / 이건 ~이니?

_____ / _____

2 누구의 시계 / 이건 ~이니?

_____ / _____

3 누구의 신발들 / 이것들은 ~이니?

_____ / _____

4 누구의 남편 / 넌 ~이니?

_____ / _____

5 누구의 학생들 / 그들은 ~이니?

_____ / _____

6 누구의 형을 / 넌 좋아하니?

_____ / _____

7 누구의 도움을 / 넌 필요로 하니?

_____ / _____

8 누구의 노래를 / 그녀는 좋아하니?

_____ / _____

9 누구의 치마를 / 넌 입었니?

_____ / _____

10 누구의 남자친구를 / 넌 만났니?

_____ / _____

11 누구의 지갑을 / 넌 훔쳤니?

▶ 지갑 wallet

_____ / _____

12 누구의 집을 / 넌 방문했니 / 어제?

_____ / _____ / _____

13 누구의 컴퓨터를 / 넌 부쉈니?

▶ 부수다 break

_____ / _____

14 누구의 돈을 / 내가 빌릴 수 있지?

_____ / _____

15 누구의 방을 / 내가 써도 되니?

_____ / _____

16 누구의 차를 / 넌 씻을 거니?

_____ / _____

17 누구의 영화를 / 넌 볼 거니?

_____ / _____

18 누구의 컴퓨터들을 / 우리가 업그레이드 시킬 거지?

_____ / _____

19 누구의 드레스를 / 그녀가 디자인할 거지?

_____ / _____

20 누구의 수업을 / 우리가 들을 거니?

▶ 수업을 듣다 take a class

_____ / _____

STEP 2

연기낭독
훈련

답을 맞춰 보며 상대방에게
이야기하듯 실감나게 낭독한
후 낭독 횟수를 체크하세요.

조용히, 억양 없이, 영혼 없이
낭독하면 공식으로만 남게
돼 매우 위험함.

		4회	8회	12회
1	Whose lipstick is this?	✓		
2	Whose watch is this?			
3	Whose shoes are these?			
4	Whose husband are you?			
5	Whose students are they?			
6	Whose brother do you like?			
7	Whose help do you need?			
8	Whose song does she like?			
9	Whose skirt did you wear?			
10	Whose boyfriend did you meet?			
11	Whose wallet did you steal?			
12	Whose house did you visit yesterday?			
13	Whose computer did you break?			
14	Whose money can I borrow?			
15	Whose room can I use?			
16	Whose car are you going to wash?			
17	Whose movie are you going to watch?			
18	Whose computers are we going to upgrade?			
19	Whose dress is she going to design?			
20	Whose class are we going to take?			

STEP 3

입영작
마스터
훈련

조금 더 자연스러운
우리말 문장을 보고
실감나게 입영작하세요.

'걔'는 he가 될 수도
she가 될 수도 있으며
여러분의 선택입니다.

		1차	2차	3차
1	이거 누구 립스틱이야?			
2	이거 누구 시계야?			
3	이거 누구 신발이야?			
4	너 누구 남편이야?			
5	걔네는 누구 학생이야?			
6	너 누구네 형을 좋아해?			
7	너 누구 도움이 필요해?			
8	걔는 누구 노래를 좋아해?			
9	너 누구 치마 입었어?			
10	너 누구 남자친구 만났어?			
11	너 누구 지갑 훔쳤어?			
12	너 어제 누구 집 방문했어?			
13	너 누구 컴퓨터 부쉈어?			
14	나 누구 돈 빌릴 수 있어?			
15	나 누구 방 써도 돼?			
16	너 누구 차 세차할 거야?			
17	너 누구 영화 볼 거야?			
18	우리 누구 컴퓨터들을 업그레이드시킬 거야?			
19	걔는 누구 드레스를 디자인할 거지?			
20	우리 누구 수업 들을 거야?			

심하게 버벅거림 : 1점
버벅거림은 줄었으나 책 읽듯 어색함 : 3점
연기하듯 자연스러움 : 5점

	1차	2차	3차
TOTAL			

40점 이하

연기낭독
훈련 부터 다시

41~79점

입영작
마스터
훈련 재도전

80점 이상

파란띠
8
단 완성

빨간띠

인생은 곱셈과 같다.
기회가 찾아와도 당신이 제로라면
그 어떤 의미도 없으므로.

- 나까무라 미츠루

Life is like multiplication.
Opportunity means nothing
when you're zero.

- Nakamura Mitsuru

"이번 유럽 출장을 자네에게 맡기겠네. 빠른 성공의 기회가 될 걸세."
"아, 사장님 모르시는군요! 저 영어 못해요."

"우리 뉴욕 지사에서 한국인 대학생 인턴 필요하대서 너 추천했다."
"아, 선배 모르시는구나! 저 영어 못해요."

100이란 기회가 찾아와도 그 순간 내가 제로면 곱해 봤자 제로입니다.
내가 10 정도만 되어도 결과는 무려 1,000은 될 테죠.

여러분은 지금 몇인가요?
좋은 기회일수록 갑자기 찾아옵니다.
"초강력 무기"를 제조해 놓으세요.

– 마스터유진

WOULD YOU LIKE TO HAVE DINNER WITH ME?

저랑 저녁 드시겠어요?

마유: 수정 씨, 오늘 저녁에 약속 있어요?

수정: 오늘은 없는데요. 왜요?

마유: 그럼, **저랑 저녁 드시겠어요?**

상황 서로 예의를 어느 정도 갖춰야 하는 사이인 것 같습니다.
그래서 마유는 '저녁 먹고 싶어요?' 대신 '저녁 드시고 싶으신가요 (드시겠어요)?' 라는
격식을 차린 말투를 썼습니다.

[Would you like to] ~하고 싶으신가요?

1   **[Would you like to]**는 상대방에게 뭔가를 하고 싶은지 물어볼 때
[Do you want to]보다 더 격식 있게 쓸 수 있는 무기입니다.

▶ [Do you want to]를 쓴다고 예의 없는 것은 아닙니다.

캐주얼: 이거 먹어 보고 싶어요? (<u>Do you want to</u> try this?)

격식: 이거 드셔 보고 싶으세요? (<u>Would you like to</u> try this?)

[Would you like to 동사원형]?

현재
1 이것을 시도해 보고 싶으신가요?
2 [시도해 보고 싶으신가요] + [이것을]?
[Would you like to try] + [this]?
3 Would you like to try this?

현재
1 들어오고 싶으신가요?
2 [들어오고 싶으신가요]?
[Would you like to come in]?
3 Would you like to come in?

현재
1 물을 마시고 싶으신가요?
2 [마시고 싶으신가요] + [물을]?
[Would you like to drink] + [water]?
3 Would you like to drink water?

무기 UPGRADE	[Do you want to 동사원형]으로 문장들을 반복하여 캐주얼한 느낌을 재훈련. 예) Do you want to play this game? (너 이 게임 하고 싶니?) 예) Do you want to order chicken? (너 치킨 주문하고 싶니?)

예문 폭탄

1 **Would you like to eat / with us?**
(드시고 싶으신가요 / 저희와?)

2 **Would you like to join / us?**
(합류하고 싶으신가요 / 저희와?)

3 **Would you like to watch / TV?**
(시청하고 싶으신가요 / TV를?)

4 **Would you like to touch / my puppy?**
(만지고 싶으신가요 / 제 강아지를?)

5 **Would you like to have lunch / together?**
(점심을 드시고 싶으신가요 / 함께?)

6 Would you like to play / this game?
(하고 싶으신가요 / 이 게임을?)

7 Would you like to sing / this song?
(부르고 싶으신가요 / 이 노래를?)

8 Would you like to hang out / with us?
(놀고 싶으신가요 / 저희와?)

9 Would you like to open / an account?
(열고 싶으신가요 / 계좌를?)

10 Would you like to buy / two tickets?
(사고 싶으신가요 / 티켓 두 장을?)

STEP 1

**손영작
입영작
어순 훈련**

막히지 않을 때까지
손영작＋입영작 무한반복 하세요.

1 공부하고 싶으신가요 / 함께?

_____ / _____

2 마시고 싶으신가요 / 커피를?

_____ / _____

3 하고 싶으신가요 / 저녁 식사를 / 저랑?

▶ 저녁 식사를 하다 **have dinner**

_____ / _____ / _____

4 오고 싶으신가요 / 제 파티에?

_____ / _____

5 걷고 싶으신가요 / 저랑?

_____ / _____

6 운동하고 싶으신가요 / 함께?

_____ / _____

7 보고 싶으신가요 / 영화를 / 저희랑?

_____ / _____ / _____

8 춤추고 싶으신가요 / 저랑?

_____ / _____

9 노래하고 싶으신가요 / 함께?

_____ / _____

10 앉고 싶으신가요 / 여기에?

_____ / _____

11 배우고 싶으신가요 / 어떻게 운전하는지?

▶ 어떻게 운전하는지 how to drive

_____ / _____

12 가고 싶으신가요 / 이태원에 / 저랑?

_____ / _____ / _____

13 운전하고 싶으신가요 / 이 차를?

_____ / _____

14 맛보고 싶으신가요 / 이 케이크를?

▶ 맛보다 taste

_____ / _____

15 이용하고 싶으신가요 / 저희의 서비스를?

_____ / _____

16 머물고 싶으신가요 / 여기에?

_____ / _____

17 돈을 벌고 싶으신가요 / 저희랑?

_____ / _____

18 나누고 싶으신가요 / 당신의 이야기를?

▶ 나누다 share

_____ / _____

19 시도해 보고 싶으신가요 / 이 다이어트 프로그램을?

_____ / _____

20 쇼핑을 가고 싶으신가요 / 저랑?

▶ 쇼핑 가다 go shopping

_____ / _____

STEP 2

연기낭독
훈련

답을 맞춰 보며 상대방에게
이야기하듯 실감나게 낭독한
후 낭독 횟수를 체크하세요.

⟨ 조용히, 억양 없이, 영혼 없이
낭독하면 공식으로만 남게
돼 매우 위험함.

		4회	8회	12회	16회	20회
1	Would you like to study together?	✓				
2	Would you like to drink coffee?					
3	Would you like to have dinner with me?					
4	Would you like to come to my party?					
5	Would you like to walk with me?					
6	Would you like to exercise together?					
7	Would you like to watch a movie with us?					
8	Would you like to dance with me?					
9	Would you like to sing together?					
10	Would you like to sit here?					
11	Would you like to learn how to drive?					
12	Would you like to go to Itaewon with me?					
13	Would you like to drive this car?					
14	Would you like to taste this cake?					
15	Would you like to use our service?					
16	Would you like to stay here?					
17	Would you like to make money with us?					
18	Would you like to share your story?					
19	Would you like to try this diet program?					
20	Would you like to go shopping with me?					

STEP 3

입영작 마스터 훈련

조금 더 자연스러운
우리말 문장을 보고
실감나게 입영작하세요.

'걔'는 he가 될 수도
she가 될 수도 있으며
여러분의 선택입니다.

		1차	2차	3차
1	같이 공부하고 싶으세요?			
2	커피 마시고 싶으세요?			
3	저랑 저녁 식사하고 싶으세요?			
4	제 파티에 오고 싶으세요?			
5	저랑 걷고 싶으세요?			
6	같이 운동하고 싶으세요?			
7	저희랑 영화 보고 싶으세요?			
8	저랑 춤추고 싶으세요?			
9	같이 노래하고 싶으세요?			
10	여기 앉고 싶으세요?			
11	어떻게 운전하는지 배우고 싶으세요?			
12	저랑 이태원에 가고 싶으세요?			
13	이 차 운전하고 싶으세요?			
14	이 케이크 맛보고 싶으세요?			
15	저희 서비스 이용하고 싶으세요?			
16	여기 머물고 싶으세요?			
17	저희랑 돈 벌고 싶으세요?			
18	당신의 이야기를 나누고 싶으세요?			
19	이 다이어트 프로그램 시도해 보고 싶으세요?			
20	저랑 쇼핑 가고 싶으세요?			

심하게 버벅거림 : 1점
버벅거림은 줄었으나 책 읽듯 어색함 : 3점
연기하듯 자연스러움 : 5점

	1차	2차	3차
TOTAL			

40점 이하

연기낭독 훈련 부터 다시

41~79점

입영작 마스터 훈련 재도전

80점 이상

빨간띠 1단 완성

WHY DON'T YOU CALL HIM FIRST?

걔한테 먼저 전화해 보는 게 어때?

사용빈도
★★★★
난이도
★★

다연: 벌써 3일째야...

마유: 너 이러다 죽겠다.

다연: 내가 그렇게 매력이 없어?

마유: 그냥 **걔한테 먼저 전화해 보는 게 어때?**

상황 소개팅한 남자한테 연락이 없어서 다연이가 힘들어하고 있습니다.
안쓰러워 하던 마유가 자존심 버리고 먼저 연락해 보라고 '권유'하고 있습니다.

무기

[Why don't you / we] 너 / 우리 ~하는 게 어때?

---

1 뭔가 해 보길 권유할 때 사용하는 무기입니다.
   '상대방에게만' 하라고 권유할 때 ➜ 주어 = you

   예) 너 ~하는 게 어때 + 먹다? (Why don't <u>you</u> + eat?)

2 '우리 같이 하자'고 권유할 때 ➜ 주어 = we

   예) <u>우리</u> ~하는 게 어때 + 먹다? (Why don't <u>we</u> + eat?)

무기 사용법

[Why don't you / we] + [동사원형]?

현재
1. 너 포기하는 게 어때?
2. [너 ~하는 게 어때] + [포기하다]?
   [Why don't you] + [give up]?
3. Why don't you give up?

현재
1. 너 중고차를 사는 게 어때?
2. [너 ~하는 게 어때] + [중고차를 사다]?
   [Why don't you] + [buy a used car]?
3. Why don't you buy a used car?

현재
1. 우리 치킨을 주문하는 게 어때?
2. [우리 ~하는 게 어때] + [치킨을 주문하다]?
   [Why don't we] + [order chicken]?
3. Why don't we order chicken?

무기 UPGRADE	비슷한 의미를 가진 [How about ~ing]? = '~하는 게 어때?'로도 추가 훈련. 예) How about studying together? (같이 공부하는 게 어때?) 예) How about eating sushi? (스시를 먹는 게 어때?)

예문 폭탄

1. **Why don't you / try / again?**
   (너 ~하는 게 어때 / 시도하다 / 다시?)

2. **Why don't you / erase this?**
   (너 ~하는 게 어때 / 이걸 지우다?)

3. **Why don't you / forgive your husband?**
   (너 ~하는 게 어때 / 네 남편을 용서하다?)

4. **Why don't you / break up with him?**
   (너 ~하는 게 어때 / 그와 헤어지다?)

5. **Why don't you / get a rest?**
   (너 ~하는 게 어때 / 쉬다?)

6. **Why don't we / take this class?**
   (우리 ~하는 게 어때 / 이 수업을 듣다?)

7. **Why don't we / ask your sister?**
   (우리 ~하는 게 어때 / 네 언니에게 물어보다?)

8. **Why don't we / read this novel?**
   (우리 ~하는 게 어때 / 이 소설을 읽다?)

9. **Why don't we / dance / together?**
   (우리 ~하는 게 어때 / 춤추다 / 함께?)

10. **Why don't we / go / to the concert?**
    (우리 ~하는 게 어때 / 가다 / 그 콘서트에?)

STEP 1

손영작
입영작
어순 훈련

막히지 않을 때까지
손영작＋입영작 무한반복 하세요.

1 너 전화하는 게 어때 / 네 언니에게?

_____ / _____

2 너 가는 게 어때 / 집에?

_____ / _____

3 너 공부하는 게 어때 / 시카고에서?

_____ / _____

4 너 사는 게 어때 / 새 셔츠를?

_____ / _____

5 너 머무는 게 어때 / 나랑?

_____ / _____

6 너 방문하는 게 어때 / 너희 부모님을?

_____ / _____

7 너 빼는 게 어때 / 살을?

▶ 살을 빼다 lose weight

_____ / _____

8 너 파는 게 어때 / 네 스포츠카를 / 나에게?

_____ / _____ / _____

9 너 물어보는 게 어때 / 네 남자친구에게?

_____ / _____

10 너 사용하는 게 어때 / 내 전화기를?

_____ / _____

11 우리 공부하는 게 어때 / 함께?

_____ / _____

12 우리 먹는 게 어때 / 뭔가를?

_____ / _____

13 우리 시도해 보는 게 어때 / 이걸?

_____ / _____

14 우리 저축하는 게 어때 / 돈을?

▶ 저축하다 save

_____ / _____

15 우리 노는 게 어때 / 오늘밤에?

▶ 놀다 hang out

_____ / _____

16 우리 끝마치는 게 어때 / 이 챕터를?

_____ / _____

17 우리 떠나는 게 어때 / 지금?

_____ / _____

18 우리 부르는 게 어때 / 이 노래를 / 함께?

_____ / _____ / _____

19 우리 이사하는 게 어때 / 뉴욕으로?

_____ / _____

20 우리 물어보는 게 어때 / Emily에게?

▶ ~에게 물어보다 ask

_____ / _____

STEP 2

연기낭독
훈련

답을 맞춰 보며 상대방에게
이야기하듯 실감나게 낭독한
후 낭독 횟수를 체크하세요.

조용히, 억양 없이, 영혼 없이
낭독하면 공식으로만 남게
돼 매우 위험함.

		4회	8회	12회	16회	20회
1	Why don't you call your sister?	☑				
2	Why don't you go home?					
3	Why don't you study in Chicago?					
4	Why don't you buy a new shirt?					
5	Why don't you stay with me?					
6	Why don't you visit your parents?					
7	Why don't you lose weight?					
8	Why don't you sell your sports car to me?					
9	Why don't you ask your boyfriend?					
10	Why don't you use my phone?					
11	Why don't we study together?					
12	Why don't we eat something?					
13	Why don't we try this?					
14	Why don't we save money?					
15	Why don't we hang out tonight?					
16	Why don't we finish this chapter?					
17	Why don't we leave now?					
18	Why don't we sing this song together?					
19	Why don't we move to New York?					
20	Why don't we ask Emily?					

입영작
마스터
훈련

조금 더 자연스러운
우리말 문장을 보고
실감나게 입영작하세요.

'걔'는 he가 될 수도
she가 될 수도 있으며
여러분의 선택입니다.

		1차	2차	3차
1	너 너네 언니한테 전화하는 거 어때?			
2	너 집에 가는 거 어때?			
3	너 시카고에서 공부하는 거 어때?			
4	너 새 셔츠 사는 거 어때?			
5	너 나랑 머무는 거 어때?			
6	너 너네 부모님 방문하는 거 어때?			
7	너 살 빼는 거 어때?			
8	너 네 스포츠카 나한테 파는 거 어때?			
9	너 네 남자친구한테 물어보는 거 어때?			
10	너 내 전화기 쓰는 거 어때?			
11	우리 같이 공부하는 거 어때?			
12	우리 뭐 좀 먹는 거 어때?			
13	우리 이거 시도해 보는 거 어때?			
14	우리 돈 좀 모으는 거 어때?			
15	우리 오늘밤에 노는 거 어때?			
16	우리 이 챕터 끝마치는 거 어때?			
17	우리 지금 떠나는 거 어때?			
18	우리 이 노래 같이 부르는 거 어때?			
19	우리 뉴욕으로 이사하는 거 어때?			
20	우리 Emily에게 물어보는 거 어때?			

심하게 버벅거림 : 1점
버벅거림은 줄었으나 책 읽듯 어색함 : 3점
연기하듯 자연스러움 : 5점

	1차	2차	3차
TOTAL			

40점 이하
연기납득 훈련 부터 다시

41~79점
입영작 마스터 훈련 재도전

80점 이상
빨간띠 2단 완성

DO YOU MIND IF I SIT HERE?

제가 여기 앉아도 될까요?

사용빈도
★ ★
난이도
★ ★ ★

마유: 저기... 여기 빈자리인가요?
다혜: 네.
마유: 제가 여기 앉아도 될까요?

상황 처음 보는 사람에게 옆에 앉아도 되냐고 '허락'을 받아야 했기 때문에
마유는 분명히 '예의를 갖춘' 표현을 썼을 것입니다.

무기

[Do you mind if]

～한다면 당신은 꺼리나요? (의역: ～해도 될까요?)

---

1 [Do you mind if]는 상대방의 '허락'을 받을 때 예의를 갖추는 무기이며
[mind] 자체는 '꺼리다, 상관하다'란 뜻을 가지고 있습니다.

2 [Do you mind if]의 해석

a. 직역: ～한다면 당신은 꺼리나요?　　　b. 의역: ～해도 될까요?

3 마유영어는 앞으로 이 표현을 직역해서 이해하길 추천합니다.
당장은 어색할 수 있지만,
나중에 Yes 혹은 No로 '대답하는 입장'이 될 때 훨씬 수월해지기 때문입니다.

예를 들어, 상대방이 Do you mind if I try this cookie? 라고 물어본 것을
여러분이 '저 이 쿠키 먹어 봐도 돼요?' 라고 의역하고 Yes.로 대답한다면,
상대방은, '네. (꺼려요. 그러니까 먹지 마세요.)'로 오해하게 됩니다.
반면, 여러분이 '제가 이 쿠키 먹어 본다면 꺼리세요?' 라고 직역하고
No. 라고 대답한다면,
상대방은 '아니요. (안 꺼려요. 그러니까 먹어 보세요.)'로 옳게 이해하게 됩니다.

[Do you mind] + [if 평서문]?

현재		
	1	제가 당신 옆에 앉아도 될까요?
	2	[당신은 꺼리나요] + [제가 당신 옆에 앉는다면]?

[Do you mind] + [if I sit next to you]?

3 Do you mind if I sit next to you?

현재		
	1	제 친구가 당신에게 전화해도 될까요?
	2	[당신은 꺼리나요] + [제 친구가 당신에게 전화한다면]?

[Do you mind] + [if my friend calls you]?

3 Do you mind if my friend calls you?

현재		
	1	저희가 여기에 머물러도 될까요?
	2	[당신은 꺼리나요] + [저희가 여기에 머무른다면]?

[Do you mind] + [if we stay here]?

3 Do you mind if we stay here?

무기 UPGRADE
비슷한 의미를 가진 [Is it okay] + [if 평서문]? = '[평서문]해도 괜찮을까?'로도 추가 훈련.
예) Is it okay if I call you? (내가 너한테 전화해도 괜찮을까?)

예문 폭탄

1 **Do you mind / if I call you again?**
(당신은 꺼리나요 / 제가 당신에게 다시 전화한다면?)

2 **Do you mind / if I borrow your money?**
(당신은 꺼리나요 / 제가 당신의 돈을 빌린다면?)

3 **Do you mind / if my friend joins us?**
(당신은 꺼리나요 / 제 친구가 우리와 합류한다면?)

4 **Do you mind / if my father uses your phone?**
(당신 꺼리나요 / 저희 아버지가 당신의 전화기를 쓴다면?)

5 **Do you mind / if my sister eats this cookie?**
(당신은 꺼리나요 / 제 여동생이 이 쿠키를 먹는다면?)

6 **Do you mind / if we come back tomorrow?**
(당신은 꺼리나요 / 저희가 내일 돌아온다면?)

7 **Do you mind / if he takes your class?**
(당신은 꺼리나요 / 그가 당신의 수업을 듣는다면?)

8 **Do you mind / if I walk with you?**
(당신은 꺼리나요 / 제가 당신과 걷는다면?)

9 **Do you mind / if Steve drinks with us?**
(당신은 꺼리나요 / Steve가 우리와 마신다면?)

10 **Do you mind / if I leave early?**
(당신은 꺼리나요 / 제가 일찍 떠난다면?)

STEP 1

손영작
입영작
어순 훈련

막히지 않을 때까지
손영작＋입영작 무한반복 하세요.

1 당신은 꺼리나요 / 내가 흡연한다면 / 여기에서?

_____ / _____ / _____

2 당신은 꺼리나요 / 내가 건너뛴다면 / 이 부분을?

▶ 건너뛰다 skip

_____ / _____ / _____

3 당신은 꺼리나요 / 내가 돌아온다면 / 곧?

_____ / _____ / _____

4 당신은 꺼리나요 / 내가 사용한다면 / 당신의 전화기를?

_____ / _____ / _____

5 당신은 꺼리나요 / 내가 사진을 찍는다면 / 당신과?

_____ / _____ / _____

6 당신은 꺼리나요 / 내가 머문다면 / 하룻밤 더?

▶ 하룻밤 더 one more night

_____ / _____ / _____

7 당신은 꺼리나요 / 내가 운동한다면 / 당신과?

_____ / _____ / _____

8 당신은 꺼리나요 / 내가 초대한다면 / Jenny를?

_____ / _____ / _____

9 당신은 꺼리나요 / 내가 합류한다면 / 당신의 팀에?

▶ ~에 합류하다 join

_____ / _____ / _____

10 당신은 꺼리나요 / 내가 빌린다면 / 당신의 남자친구를?

_____ / _____ / _____

11 당신은 꺼리나요 / 내가 닫는다면 / 그 창문을?

_____ / _____ / _____

12 당신은 꺼리나요 / 내가 켠다면 / 그 TV를?

▶ 켜다 turn on

_____ / _____ / _____

13 당신은 꺼리나요 / 내가 끈다면 / 그 에어컨을?

▶ 끄다 turn off   ▶ 에어컨 air conditioner

_____ / _____ / _____

14 당신은 꺼리나요 / 내가 사용한다면 / 당신의 화장실을?

_____ / _____ / _____

15 당신은 꺼리나요 / 내가 먹는다면 / 당신의 아이스크림을?

_____ / _____ / _____

16 당신은 꺼리나요 / 우리가 떠난다면 / 일찍?

_____ / _____ / _____

17 당신은 꺼리나요 / 그가 전화한다면 / 당신에게 / 오늘밤?

_____ / _____ / _____ / _____

18 당신은 꺼리나요 / 내 친구가 온다면 / 당신의 파티에?

_____ / _____ / _____

19 당신은 꺼리나요 / 내 딸이 만진다면 / 당신의 고양이를?

_____ / _____ / _____

20 당신은 꺼리나요 / 내 아들이 논다면 / 당신의 개와?

_____ / _____ / _____

		4회	8회	12회	16회	20회
1	Do you mind if I smoke here?	✓				
2	Do you mind if I skip this part?					
3	Do you mind if I come back soon?					
4	Do you mind if I use your phone?					
5	Do you mind if I take a picture with you?					
6	Do you mind if I stay one more night?					
7	Do you mind if I exercise with you?					
8	Do you mind if I invite Jenny?					
9	Do you mind if I join your team?					
10	Do you mind if I borrow your boyfriend?					
11	Do you mind if I close the window?					
12	Do you mind if I turn on the TV?					
13	Do you mind if I turn off the air conditioner?					
14	Do you mind if I use your bathroom?					
15	Do you mind if I eat your ice cream?					
16	Do you mind if we leave early?					
17	Do you mind if he calls you tonight?					
18	Do you mind if my friend comes to your party?					
19	Do you mind if my daughter touches your cat?					
20	Do you mind if my son plays with your dog?					

STEP 3

입영작
마스터
훈련

조금 더 자연스러운
우리말 문장을 보고
실감나게 입영작하세요.

'걔'는 he가 될 수도
she가 될 수도 있으며
여러분의 선택입니다.

		1차	2차	3차

1   제가 여기서 흡연하면 꺼리세요?

2   제가 이 부분을 건너뛰면 꺼리세요?

3   제가 곧 돌아오면 꺼리세요?

4   제가 당신 전화기 사용하면 꺼리세요?

5   제가 당신이랑 사진 찍으면 꺼리세요?

6   제가 하룻밤 더 머물면 꺼리세요?

7   제가 당신이랑 운동하면 꺼리세요?

8   제가 Jenny를 초대하면 꺼리세요?

9   제가 당신 팀에 합류하면 꺼리세요?

10   제가 당신 남자친구를 빌리면 꺼리세요?

11   제가 그 창문을 닫으면 꺼리세요?

12   제가 그 TV를 켜면 꺼리세요?

13   제가 그 에어컨을 끄면 꺼리세요?

14   제가 당신 화장실을 쓰면 꺼리세요?

15   제가 당신 아이스크림을 먹으면 꺼리세요?

16   저희가 일찍 떠나면 꺼리세요?

17   그가 당신에게 전화하면 꺼리세요?

18   제 친구가 당신 파티에 오면 꺼리세요?

19   제 딸이 당신 고양이를 만지면 꺼리세요?

20   제 아들이 당신 개랑 논다면 꺼리세요?

심하게 버벅거림 : 1점
버벅거림은 줄었으나 책 읽듯 어색함 : 3점
연기하듯 자연스러움 : 5점

	1차	2차	3차
TOTAL			

40점 이하   41~79점   80점 이상

연기낭독
훈련 부터 다시   입영작
마스터
훈련 재도전   빨간띠
3
단 완성

HAVE WE MET BEFORE?

우리 전에 만난 적 있던가요?

마유: 실례합니다. 우리 전에 만난 적 있던가요?
지나가던 미녀: 저 결혼했어요.
마유: 넵.

상황 마유는 지나가던 미녀에게 전에 만난 적이 있냐며 **'경험'**에 대해 물어보고 있습니다.

무기
[Have p.p.] ~해 본 적이 있니?

1 **[have p.p.]가 질문형에서 가장 많이 사용될 때는
과거에서 현재까지의 '경험'을 물어볼 때입니다.**

예) 너 이거 먹어 본 적 있어? (Have you tried this?)
  걔는 소개팅 나가 본 적 있니? (Has she gone on a blind date?)
  너 내 여자친구 만나 본 적 있어? (Have you met my girlfriend?)

2 **문장 마지막에 'before (전에) / in your life (네 인생에서)' 등을
추가할 수도 있습니다.**

예) Have you cried before? (너 전에 울어 본 적 있어?)
  Have you hurt anyone in your life? (너 네 인생에서 누구에게라도 상처 준 적 있어?)

[Have + 주어 + p.p.]?

경험	1	넌 울어 본 적이 있니?
	2	[넌 울어 본 적이 있니]?
		[Have you cried]?
	3	Have you cried?

경험	1	마돈나가 한국을 방문해 본 적이 있니?
	2	[마돈나가 방문해 본 적이 있니] + [한국을]?
		[Has Madonna visited] + [Korea]?
	3	Has Madonna visited Korea?

경험	1	넌 전에 우울해 본 적이 있니?
	2	[넌 우울해 본 적이 있니] + [전에]?
		[Have you been depressed] + [before]?
	3	Have you been depressed before?

무기 UPGRADE

[p.p.] 앞에 ever (한번이라도)를 넣어 질문을 강조할 수 있음.
예) Have you ever cried in your life? (너 네 인생에서 한번이라도 울어 본 적 있어?)
예) Has she ever done this? (걔는 한번이라도 이걸 해 본 적이 있니?)

예문 폭탄

1 Have you smoked?
(넌 흡연해 본 적이 있니?)

2 Have you smoked / before?
(넌 흡연해 본 적이 있니 / 전에?)

3 Have you ever smoked?
(넌 한번이라도 흡연해 본 적이 있니?)

4 Have I told / you?
(내가 말한 적이 있던가 / 네게?)

5 Have I told / you / before?
(내가 말한 적이 있던가 / 네게 / 전에?)

6 Have I ever told / you?
(내가 한번이라도 말한 적이 있던가 / 네게?)

7 Has she learned / German?
(그녀가 공부해 본 적이 있니 / 독일어를?)

8 Have they tasted / your food?
(그들이 맛본 적이 있니 / 네 음식을?)

9 Has he studied / with you?
(그가 공부해 본 적이 있니 / 너와?)

10 Has William ever worked / in his life?
(William이 한번이라도 일해 본 적이 있니 / 그의 인생에서?)

STEP 1

손영작
입영작
어순 훈련

막히지 않을 때까지
손영작 + 입영작 무한반복 하세요.

1 넌 가져 본 적이 있니 / 여자친구를?

_____ / _____

2 넌 시도해 본 적이 있니 / 이 다이어트 프로그램을?

_____ / _____

3 넌 방문해 본 적이 있니 / 한국을 / 전에?

_____ / _____ / _____

4 넌 와 본 적이 있니 / 내 쇼에 / 전에?

_____ / _____ / _____

5 넌 만나 본 적이 있니 / 너네 CEO를?

_____ / _____

6 넌 놀아 본 적이 있니 / Ashley랑?

▶ ~와 놀다 hang out with

_____ / _____

7 넌 거짓말해 본 적이 있니 / 내게?

_____ / _____

8 넌 키스해 본 적이 있니 / 여자애한테 / 네 인생에서?

_____ / _____ / _____

9 넌 본 적이 있니 / UFO를?

_____ / _____

10 넌 요리해 본 적이 있니 / 네 여자친구를 위해 / 전에?

_____ / _____ / _____

11 넌 아파 본 적이 있니?

_____

12 넌 외로워 본 적이 있니?

_____

13 넌 실망해 본 적이 있니 / 나에게?

▶ ～에게 실망한 disappointed

_____ / _____

14 넌 화나 본 적이 있니 / 전에?

_____ / _____

15 넌 우울해 본 적이 있니 / 네 인생에서?

▶ 우울한 depressed

_____ / _____

16 그녀는 공부해 본 적이 있니 / 프랑스어를 / 전에?

_____ / _____ / _____

17 우리가 만나 본 적이 있나 / 전에?

_____ / _____

18 그가 춰 본 적이 있니 / 탱고를 / 그의 인생에서?

_____ / _____ / _____

19 그들은 먹어 본 적이 있니 / 한국 음식을?

▶ 먹어 보다 try

_____ / _____

20 넌 운전해 본 적이 있니 / 스포츠카를 / 전에?

_____ / _____ / _____

	4회	8회	12회	16회	20회
1 Have you had a girlfriend?	✓				
2 Have you tried this diet program?					
3 Have you visited Korea before?					
4 Have you come to my show before?					
5 Have you met your CEO?					
6 Have you hung out with Ashley?					
7 Have you lied to me?					
8 Have you kissed a girl in your life?					
9 Have you seen a UFO?					
10 Have you cooked for your girlfriend before?					
11 Have you been sick?					
12 Have you been lonely?					
13 Have you been disappointed in me?					
14 Have you been angry before?					
15 Have you been depressed in your life?					
16 Has she studied French before?					
17 Have we met before?					
18 Has he danced tango in his life?					
19 Have they tried Korean food?					
20 Have you driven a sports car before?					

STEP 3

입영작
마스터
훈련

조금 더 자연스러운
우리말 문장을 보고
실감나게 입영작하세요.

'걔'는 he가 될 수도
she가 될 수도 있으며
여러분의 선택입니다.

		1차	2차	3차
1	너 여자친구 가져 본 적 있어?			
2	너 이 다이어트 프로그램 시도해 본 적 있어?			
3	너 전에 한국 방문해 본 적 있어?			
4	너 전에 내 쇼에 와 본 적 있어?			
5	너 너네 CEO 만나 본 적 있어?			
6	너 Ashley랑 놀아 본 적 있어?			
7	너 나한테 거짓말해 본 적 있어?			
8	너 네 인생에서 여자애한테 키스해 본 적 있어?			
9	너 UFO 본 적 있어?			
10	너 전에 네 여자친구를 위해 요리해 본 적 있어?			
11	너 아파 본 적 있어?			
12	너 외로워 본 적 있어?			
13	너 나한테 실망해 본 적 있어?			
14	너 전에 화나 본 적 있어?			
15	너 네 인생에서 우울해져 본 적 있어?			
16	걔는 전에 프랑스어를 공부해 본 적 있나?			
17	우리가 전에 만난 적이 있나?			
18	걔는 자기 인생에서 탱고를 춰 본 적 있나?			
19	걔네는 한국 음식을 먹어 본 적 있니?			
20	너 전에 스포츠카 운전해 본 적 있어?			

심하게 버벅거림 : 1점
버벅거림은 줄었으나 책 읽듯 어색함 : 3점
연기하듯 자연스러움 : 5점

	1차	2차	3차
TOTAL			

40점 이하
연기낭독
훈련 부터 다시

41~79점
입영작
마스터
훈련 재도전

80점 이상
빨간띠
4
단 완성

DO YOU KNOW WHO I AM?

너 내가 누군지 알아?

사용빈도
★★★★
난이도
★★★★☆

마유: 손님 여기서 소란 피우시면 안 됩니다.

진상: 뭐? 너 몇 살이야! **너 내가 누군지 알아?**

마유: 진상이시잖아요...

> **상황** 진상님은 두 가지 질문을 섞어서 물어본 것입니다.
> **'너는 알아?'** + '내가 누구야?' = '너는 내가 누군지 알아?'

무기

[Do you know?] 너는 아니?

1 [질문형 문장] 앞에 'Do you know (너는 아니)'를 추가하면
   그 [질문형 문장]의 내용을 '상대방이 아는지' 물어볼 수 있습니다.

2 이때, [질문형 문장]의 어순이 [평서문]으로 바뀌는데,
   마치 말투가 다음처럼 바뀌는 것과 같습니다.

예) 넌 아니? + 내가 누구니? = 넌 아니 내가 누군지?

   Do you know? + <u>Who am I</u>? = Do you know <u>who I am</u>?

   넌 아니? + 그녀가 어디 있니? = 넌 아니 그녀가 어디 있는지?

   Do you know? + <u>Where is she</u>? = Do you know <u>where she is</u>?

   넌 아니? + 내가 왜 울었니? = 넌 아니 내가 왜 울었는지?

   Do you know? + <u>Why did I cry</u>? = Do you know <u>why I cried</u>?

[Do you know] + [의문사] + [평서문]?

현재	1	너 그들이 누군지 아니?
	2	[넌 아니] + [누구] + [그들이 ~인지]?
		[Do you know] + [who] + [they are]?
	3	Do you know who they are?
과거	1	너 내가 어디를 방문했는지 아니?
	2	[넌 아니] + [어디를] + [내가 방문했는지]?
		[Do you know] + [where] + [I visited]?
	3	Do you know where I visited?
현재		* who 혹은 what이 주어로 쓰인 경우: [평서문] 대신 [동사]를 사용
	1	너 누가 널 좋아하는지 아니?
	2	[넌 아니] + [누가] + [널 좋아하는지]?
		[Do you know] + [who] + [likes you]?
	3	Do you know who likes you?

무기 UPGRADE	[Do you know] 안의 [you]를 바꾸면 상대방 말고 다른 사람이 아는지도 물어볼 수 있음. 예) <u>Does he</u> know where you live? (걔는 네가 어디 사는지 아니?) 예) <u>Do they</u> know who you are? (걔네는 네가 누군지 알아?)

예문 폭탄

1 **Do you know / who / she is?**
(넌 아니 / 누구 / 그녀가 ~인지?)

2 **Do you know / where / I found this?**
(넌 아니 / 어디서 / 내가 이걸 찾았는지?)

3 **Do you know / why / she is sick?**
(넌 아니 / 왜 / 그녀가 아픈지?)

4 **Do you know / how / I did it?**
(넌 아니 / 어떻게 / 내가 그걸 했는지?)

5 **Do you know / when / he died?**
(넌 아니 / 언제 / 그가 죽었는지?)

6 **Do you know / what / Jane likes?**
(넌 아니 / 무엇을 / Jane이 좋아하는지?)

7 **Do you know / what time / it happened?**
(넌 아니 / 몇 시에 / 그게 벌어졌는지?)

8 **Do you know / whose boyfriend / he is?**
(넌 아니 / 누구의 남자친구 / 그가 ~인지?)

9 **Does she know / how many children / I have?**
(그녀는 아니 / 몇 명의 아이들을 / 내가 가지고 있는지?)

10 **Do they know / who / taught you?**
(그들은 아니 / 누가 / 널 가르쳤는지?)

STEP 1

손영작
입영작
어순 훈련

막히지 않을 때까지
손영작＋입영작 무한반복 하세요.

1 넌 아니 / 누구 / 내가 ~인지?

_____ / _____ / _____

2 넌 아니 / 누구를 / 그녀가 좋아하는지?

_____ / _____ / _____

3 넌 아니 / 어디에 / 내가 있는지?

_____ / _____ / _____

4 넌 아니 / 어디서 / 그가 사는지?

_____ / _____ / _____

5 넌 아니 / 어디로 / 내가 가고 있는지?

_____ / _____ / _____

6 넌 아니 / 왜 / 내가 신뢰하는지 / Luke를?　　　　　　　▶ 신뢰하다 trust

_____ / _____ / _____ / _____

7 넌 아니 / 왜 / 내가 좋아하지 않는지 / 널?

_____ / _____ / _____ / _____

8 넌 아니 / 왜 / 그들이 전화했는지 / 내게?

_____ / _____ / _____ / _____

9 넌 아니 / 무엇 / 이게 ~인지?

_____ / _____ / _____

10 넌 아니 / 무엇을 / 그들이 기대하고 있는지?　　　　　　　▶ 기대하다 expect

_____ / _____ / _____

11 넌 아니 / 무엇을 / 우리가 놓쳤는지?

▶ 놓치다 miss

_____ / _____ / _____

12 넌 아니 / 어떻게 / 내가 돈을 버는지?

_____ / _____ / _____

13 넌 아니 / 어떻게 / 그녀가 공부하는지 / 영어를?

_____ / _____ / _____ / _____

14 넌 아니 / 어떻게 / 우리가 고쳤는지 / 이 엘리베이터를?

_____ / _____ / _____ / _____

15 넌 아니 / 언제 / 그가 도착했는지?

_____ / _____ / _____

16 넌 아니 / 무슨 시에 (몇 시에) / 그녀가 떠났는지?

_____ / _____ / _____

17 넌 아니 / 누구의 차 / 이게 ~인지?

_____ / _____ / _____

18 넌 아니 / 누구의 노래를 / 내가 좋아하는지?

_____ / _____ / _____

19 넌 아니 / 얼마나 많은 차들을 / 내가 가지고 있는지?

_____ / _____ / _____

20 넌 아니 / 얼마나 많은 돈을 / 내가 가지고 있는지?

_____ / _____ / _____

		4회	8회	12회	16회	20회
1	Do you know who I am?	✓				
2	Do you know who she likes?					
3	Do you know where I am?					
4	Do you know where he lives?					
5	Do you know where I am going?					
6	Do you know why I trust Luke?					
7	Do you know why I don't like you?					
8	Do you know why they called me?					
9	Do you know what this is?					
10	Do you know what they are expecting?					
11	Do you know what we missed?					
12	Do you know how I make money?					
13	Do you know how she studies English?					
14	Do you know how we fixed this elevator?					
15	Do you know when he arrived?					
16	Do you know what time she left?					
17	Do you know whose car this is?					
18	Do you know whose song I like?					
19	Do you know how many cars I have?					
20	Do you know how much money I have?					

		1차	2차	3차
1	너 내가 누군지 알아?			
2	너 걔가 누구 좋아하는지 알아?			
3	너 내가 어디 있는지 알아?			
4	너 걔가 어디 사는지 알아?			
5	너 내가 어디 가고 있는지 알아?			
6	너 내가 왜 Luke를 신뢰하는지 알아?			
7	너 내가 왜 널 안 좋아하는지 알아?			
8	너 걔네가 왜 나한테 전화했는지 알아?			
9	너 이게 뭔지 알아?			
10	너 걔네가 뭘 기대하고 있는지 알아?			
11	너 우리가 뭘 놓쳤는지 알아?			
12	너 내가 어떻게 돈 버는지 알아?			
13	너 걔가 어떻게 영어 공부하는지 알아?			
14	너 우리가 어떻게 이 엘리베이터 고쳤는지 알아?			
15	너 걔가 언제 도착했는지 알아?			
16	너 걔가 몇 시에 떠났는지 알아?			
17	너 이게 누구 차인지 알아?			
18	너 내가 누구 노래 좋아하는지 알아?			
19	너 내가 자동차 몇 대 있는지 알아?			
20	너 내가 돈 얼마나 가지고 있는지 알아?			

심하게 버벅거림 : 1점
버벅거림은 줄었으나 책 읽듯 어색함 : 3점
연기하듯 자연스러움 : 5점

	1차	2차	3차
TOTAL			

40점 이하	41~79점	80점 이상
연기낭독 훈련 부터 다시	입영작 마스터 훈련 재도전	빨간띠 5단 완성

DO YOU KNOW IF SHE LIKES ME?

너 혹시 걔가 날 좋아하는지 아니?

사용빈도
★★★★
난이도
★★★

마유: 뭐 하나만 물어보자.

근원: 오케이.

마유: 너 혹시 예빈이가 날 좋아하는지 아니?

근원: 그건 모르겠는데 남자친구 있는 건 알아.

(상황) 마유는 근원이에게 예빈이가 자신을 좋아하는지 (아닌지)의 '여부'를 물어보고 있습니다.

무기

[Do you know if] 너는 ~인지 (아닌지) 아니?

1 **상대방에게 어떤 상황의 '여부'를 물어보는 무기입니다.**

예) 넌 밖의 날씨가 추운지 (아닌지) 아니?
    넌 그 시험이 쉬웠는지 (아니었는지) 아니?

2 **'~인지'에 해당하는 단어가 바로 [if]입니다.**

예) if + it's cold outside (밖의 날씨가 추운지)
    if + the test was easy (그 시험이 쉬웠는지)

3 **문장 맨 뒤에 or not을 넣으면 '아닌지'라는 느낌을 확실하게 실어 줍니다.**

예) …그녀가 날 좋아하는지 + 아닌지 (…if she likes me + or not)

무기 사용법

[Do you know] + [if 평서문]?

현재

1 넌 그녀가 한국인인지 아니?

2 [넌 아니] + [그녀가 한국인인지]?
[Do you know] + [if she is Korean]?

3 Do you know if she is Korean?

과거

1 넌 그가 그녀에게 키스했는지 아니?

2 [넌 아니] + [그가 그녀에게 키스했는지]?
[Do you know] + [if he kissed her]?

3 Do you know if he kissed her?

현재진행

1 넌 그들이 영화를 보고 있는지 아니?

2 [넌 아니] + [그들이 영화를 보고 있는지]?
[Do you know] + [if they are watching a movie]?

3 Do you know if they are watching a movie?

무기 UPGRADE

[Do you know] 안의 [you]를 바꾸면 상대방 말고 다른 사람이 아는지도 물어볼 수 있음.
예) Does <u>he</u> know if Yessica is married? (<u>그는</u> Yessica가 결혼했는지 아니?)
예) Do <u>they</u> know if he's coming or not? (<u>걔네는</u> 그가 오는지 안 오는지 아니?)

예문 폭탄

1 **Do you know / if he is busy / (or not)?**
(넌 아니 / 그가 바쁜지 / (아닌지)?)

2 **Do you know / if today is her birthday / (or not)?**
(넌 아니 / 오늘이 그녀의 생일인지 / (아닌지)?)

3 **Do you know / if this is true / (or not)?**
(넌 아니 / 이게 진실인지 / (아닌지)?)

4 **Do you know / if she has a sister / (or not)?**
(넌 아니 / 그녀가 언니가 있는지 / (없는지)?)

5 **Do you know / if he fell asleep / (or not)?**
(넌 아니 / 그가 잠들었는지 / (아닌지)?)

6 **Do you know / if they were sick / (or not)?**
(넌 아니 / 그들이 아팠었는지 / (아닌지)?)

7 **Do you know / if Michael was there / (or not)?**
(넌 아니 / Michael이 거기 있었는지 / (아닌지)?)

8 **Do you know / if Kyle is lying / (or not)?**
(넌 아니 / Kyle이 거짓말하고 있는지 / (아닌지)?)

9 **Do you know / if he is having lunch / (or not)?**
(넌 아니 / 그가 점심을 먹고 있는지 / (아닌지)?)

10 **Do you know / if they are exercising / (or not)?**
(넌 아니 / 그들이 운동하고 있는지 / (아닌지)?)

STEP 1

손영작
입영작
어순 훈련

막히지 않을 때까지
손영작＋입영작 무한반복 하세요.

1 넌 아니 / 그가 학생인지 (아닌지)?

_____ / _____

2 넌 아니 / 그녀가 모델인지 (아닌지)?

_____ / _____

3 넌 아니 / 그가 싱글인지 (아닌지)?

_____ / _____

4 넌 아니 / 그들이 있는지 (아닌지) / 런던에?

_____ / _____ / _____

5 넌 아니 / 이게 새 차인지 (아닌지)?

_____ / _____

6 넌 아니 / 그녀가 바쁜지 (아닌지)?

_____ / _____

7 넌 아니 / 그녀가 가지고 있는지 (아닌지) / 남편을?

_____ / _____ / _____

8 넌 아니 / 그들이 가지고 있는지 (아닌지) / 집을?

_____ / _____ / _____

9 넌 아니 / 그들이 고용하는지 (아닌지) / 대학생들을?

▶ 고용하다 hire

_____ / _____ / _____

10 넌 아니 / 그녀가 말하는지 (아닌지) / 영어를?

_____ / _____ / _____

11 넌 아니 / 그가 좋아하는지 (아닌지) / 날?

_____ / _____ / _____

12 넌 아니 / 그가 받았는지 (아닌지) / 내 편지를?   ▶ 받다 receive

_____ / _____ / _____

13 넌 아니 / 그녀가 패스했는지 (아닌지) / 그 시험을?

_____ / _____ / _____

14 넌 아니 / 그들이 배달했는지 (아닌지) / 그 소포를?   ▶ 배달하다 deliver   ▶ 소포 package

_____ / _____ / _____

15 넌 아니 / 그녀가 불평했는지 (아닌지) / 나에 대해?   ▶ 불평하다 complain

_____ / _____ / _____

16 넌 아니 / 그가 마셨는지 (아닌지) / 어젯밤에?

_____ / _____ / _____

17 넌 아니 / 그녀가 바람피고 있는지 (아닌지)?   ▶ 바람피다 cheat

_____ / _____

18 넌 아니 / 그가 자고 있는지 (아닌지)?

_____ / _____

19 넌 아니 / 그들이 고용하고 있는지 (아닌지)?

_____ / _____

20 넌 아니 / 그녀가 일하고 있는지 (아닌지)?

_____ / _____

	4회	8회	12회	16회	20회
1 Do you know if he is a student (or not)?	✓				
2 Do you know if she is a model (or not)?					
3 Do you know if he is single (or not)?					
4 Do you know if they are in London (or not)?					
5 Do you know if this is a new car (or not)?					
6 Do you know if she is busy (or not)?					
7 Do you know if she has a husband (or not)?					
8 Do you know if they have a house (or not)?					
9 Do you know if they hire college students (or not)?					
10 Do you know if she speaks English (or not)?					
11 Do you know if he likes me (or not)?					
12 Do you know if he received my letter (or not)?					
13 Do you know if she passed the test (or not)?					
14 Do you know if they delivered the package (or not)?					
15 Do you know if she complained about me (or not)?					
16 Do you know if he drank last night (or not)?					
17 Do you know if she is cheating (or not)?					
18 Do you know if he is sleeping (or not)?					
19 Do you know if they are hiring (or not)?					
20 Do you know if she is working (or not)?					

STEP 3

입영작 마스터 훈련

조금 더 자연스러운
우리말 문장을 보고
실감나게 입영작하세요.

'걔'는 he가 될 수도
she가 될 수도 있으며
여러분의 선택입니다.

		1차	2차	3차
1	너 걔가 학생인지 (아닌지) 알아?			
2	너 걔가 모델인지 (아닌지) 알아?			
3	너 걔가 싱글인지 (아닌지) 알아?			
4	너 걔네가 런던에 있는지 (없는지) 알아?			
5	너 이거 새 차인지 (아닌지) 알아?			
6	너 걔가 바쁜지 (아닌지) 알아?			
7	너 걔가 남편을 가지고 있는지 (아닌지) 알아?			
8	너 걔네가 집을 가지고 있는지 (아닌지) 알아?			
9	너 걔네가 대학생들을 고용하는지 (안 하는지) 알아?			
10	너 걔가 영어를 하는지 (못 하는지) 알아?			
11	너 걔가 날 좋아하는지 (안 하는지) 알아?			
12	너 걔가 내 편지를 받았는지 (안 받았는지) 알아?			
13	너 걔가 그 시험을 패스했는지 (못했는지) 알아?			
14	너 걔네가 그 소포를 배달했는지 (안 했는지) 알아?			
15	너 걔가 나에 대해 불평했는지 (안 했는지) 알아?			
16	너 걔가 어젯밤에 마셨는지 (안 마셨는지) 알아?			
17	너 걔가 바람피고 있는지 (아닌지) 알아?			
18	너 걔가 자고 있는지 (아닌지) 알아?			
19	너 걔네가 고용하고 있는지 (아닌지) 알아?			
20	너 걔가 일하고 있는지 (아닌지) 알아?			

심하게 버벅거림 : 1점
버벅거림은 줄었으나 책 읽듯 어색함 : 3점
연기하듯 자연스러움 : 5점

	1차	2차	3차
TOTAL			

40점 이하

연기낭독 훈련 부터 다시

41~79점

입영작 마스터 훈련 재도전

80점 이상

빨간띠 6단 완성

품띠

"그 누구보다 영어를 더 완벽하게 가르쳐 줄
충분한 실력이 되었다.
그러니 이젠 한국으로 떠나도 되겠다."

이렇게 제가 제 스스로에게 OK를
던지기까지는 엄청난 시간, 연구, 그리고
무엇보다 '다양한 경험'이 요구됐습니다.

단순히 현지에서 오래 살았다는 사실이
제게 실력과 영어 강사라는 자격을 자동으로
부여해 주는 것이 아님을
너무나도 잘 알고 있었지요.

저는 다양한 부류의 사람들과 소통할 기회를
최대한 많이 만들었습니다.
학생으로서, 직장인으로서, 사업가로서,
그리고 무엇보다 최적의 영어 습득 노하우를
연구하는 사람으로서.

**FACT: 억지 인터뷰가 아닌 자연스러운 소통을 통해 수
집된 자료의 질은 교과서나 영상물을 통해 얻어지는 것
들과는 차원이 다르게 rich (풍부)할 수밖에 없습니다.**

소규모 자동차 부품회사에 다니던 직장인,
대형 마트 여러 개를 운영하는 천만장자,
안타깝게도 지금은 세상을 떠난 할리우드 스타,

– 마스터유진

주말마다 서핑을 즐기는 자유로운 영혼의
프리랜서에 이르기까지
연간 약 2천명에 가까운 클라이언트와 수년간
직접 소통하며 느낀
매우 흥미로운 사실이 하나 있습니다.

영어에도 분명 나이, 성별, 직업과 상관없이
공통적으로 쓰이는 코어 (core) 패턴들이
존재한다는 것. 그리고 사용 빈도가 높고
우수한 패턴들은 특히나 그 수가 한정되어
있다는 것을요.

까다로운 심사를 통해 선별된 코어 패턴들을
정확하게 분석하여 분류하고 사용 빈도에
따라 우선순위를 매기고
마지막으로 다양한 시나리오를 통해
시뮬레이션을 돌려본 후
실제 사용할 수 있는 최적의 자료로
만든다는 것은 정말 도전적인 일이었습니다.

아, 참.
그나저나, 여러분은 지금 그 결과물을 가지고
훈련하고 있군요.

DO YOU THINK I'M PRETTY?

넌 내가 예쁘다고 생각해?

사용빈도
★ ★ ★ ★ ★
난이도
★ ★ ☆

경희: 난 잘 모르겠는데, 사람들이 나보고 예쁘대.
너도 내가 예쁘다고 생각해?

마유: 나도 잘 모르겠는데.

상황 경희는 자신이 귀여운지 마유의 '생각'을 묻고 있습니다.

무기

[Do you think] 넌 ~라고 생각하니? / ~인 것 같아?

1 **어떤 사실에 대한 '상대방의 생각'을 물어보는 무기입니다.**

a. Do you think (~라고 생각하니)?

예) <u>Do you think</u> + I am cute? (<u>넌 생각하니</u> + 내가 귀엽다고?)

b. Don't you think (~라고 생각하지 않니)?

예) <u>Don't you think</u> + I am cute? (<u>넌 생각하지 않니</u> + 내가 귀엽다고?)

2 **[Do you think] 뒤에 따라오는 [평서문]은 원래 [that]이란 단어로 시작하는 게 맞지만 회화체에서는 대부분 생략하고 말합니다.**

예) Do you think <u>that</u> I am cute? = Do you think I am cute?

3 **'~라고 생각해?'를 '~인 것 같아?'로 의역하면 더욱 자연스러울 수 있습니다.**

예) <u>Do you think</u> I am cute?
(넌 내가 귀엽다고 <u>생각해</u>? ➜ 넌 내가 귀여운 것 같아?)

[Do you think] + [평서문]?

현재		
	1	넌 내가 멍청하다고 생각하니?
	2	[넌 생각하니] + [내가 멍청하다고]?
		[Do you think] + [I am stupid]?
	3	Do you think I am stupid?

과거		
	1	넌 내가 너에게 거짓말했다고 생각하니?
	2	[넌 생각하니] + [내가 너에게 거짓말을 했다고]?
		[Do you think] + [I lied to you]?
	3	Do you think I lied to you?

현재 (부정)		
	1	넌 네가 이기적이라고 생각하지 않니?
	2	[넌 생각하지 않니] + [네가 이기적이라고]?
		[Don't you think] + [you are selfish]?
	3	Don't you think you are selfish?

무기 UPGRADE

a. [Do you think] 안의 [you]를 바꾸어 남의 생각을 물어볼 수도 있음.
예) Does <u>he</u> think I have a boyfriend? (<u>걔는</u> 내가 남자친구가 있다고 생각하나?)
b. [Do you think] 안의 [Do동사]의 시제를 바꾸어 물어볼 수도 있음.
예) <u>Did</u> you think I was mad? (넌 내가 미쳤다고 생각<u>했니</u>?)

예문 폭탄

1 **Do you think / I am happy?**
(넌 생각하니 / 내가 행복하다고?)

2 **Do you think / he has a car?**
(넌 생각하니 / 그가 차를 가지고 있다고?)

3 **Do you think / she read my email?**
(넌 생각하니 / 그녀가 내 이메일을 읽었다고?)

4 **Do you think / he worked yesterday?**
(넌 생각하니 / 그가 어제 일했다고?)

5 **Do you think / she is crying?**
(넌 생각하니 / 그녀가 울고 있다고?)

6 **Don't you think / they are shy?**
(넌 생각하지 않니 / 그들이 수줍음이 많다고?)

7 **Don't you think / he was sick yesterday?**
(넌 생각하지 않니 / 그가 어제 아팠다고?)

8 **Don't you think / they are drinking?**
(넌 생각하지 않니 / 그들이 마시고 있다고?)

9 **Does she think / I'm cool?**
(그녀는 생각하니 / 내가 쿨하다고?)

10 **Did you think / I stole your money?**
(넌 생각했니 / 내가 네 돈을 훔쳤다고?)

STEP 1

손영작
입영작
어순 훈련

막히지 않을 때까지
손영작+입영작 무한반복 하세요.

1 넌 생각하니 / 네가 특별하다고?

_____ / _____

2 넌 생각하니 / 내가 멍청하다고?

_____ / _____

3 넌 생각하니 / 그게 내 실수라고?

_____ / _____

4 넌 생각하니 / 그게 공평하다고?

▶ 공평한 fair

_____ / _____

5 넌 생각하니 / 그게 웃기다고?

▶ 웃긴 funny

_____ / _____

6 넌 생각하니 / 우리가 할 수 있다고 / 이걸?

_____ / _____ / _____

7 넌 생각하니 / 그녀가 패스할 수 있다고 / 그 시험을?

_____ / _____ / _____

8 넌 생각하니 / 내가 죽였다고 / 그를?

_____ / _____ / _____

9 넌 생각하니 / 그 시험이 어려웠다고?

_____ / _____

10 넌 생각하니 / 그가 실수했다고?

▶ 실수하다 make a mistake

_____ / _____

11 넌 생각하지 않니 / 그가 거짓말쟁이라고?

▶ 거짓말쟁이 liar

_____ / _____

12 넌 생각하지 않니 / 그녀가 똑똑하다고?

_____ / _____

13 넌 생각하지 않니 / 네가 너무 민감하다고?

▶ 민감한 sensitive

_____ / _____

14 넌 생각하지 않니 / 이게 너무 비싸다고?

_____ / _____

15 넌 생각하지 않니 / 이게 너무 달다고?

_____ / _____

16 넌 생각하지 않니 / 우리가 늦었다고?

_____ / _____

17 넌 생각하지 않니 / 영어는 쉽다고?

_____ / _____

18 넌 생각하지 않니 / 그가 훔쳤다고 / 네 차를?

_____ / _____ / _____

19 넌 생각하지 않니 / Hailey가 그녀의 언니였다고?

_____ / _____

20 넌 생각하지 않니 / 그가 알았다고 / 네 이름을?

_____ / _____ / _____

	4회	8회	12회	16회	20회
1 Do you think you are special?	✓				
2 Do you think I am stupid?					
3 Do you think it's my mistake?					
4 Do you think it's fair?					
5 Do you think it's funny?					
6 Do you think we can do this?					
7 Do you think she can pass the test?					
8 Do you think I killed him?					
9 Do you think the test was difficult?					
10 Do you think he made a mistake?					
11 Don't you think he is a liar?					
12 Don't you think she is smart?					
13 Don't you think you are too sensitive?					
14 Don't you think this is too expensive?					
15 Don't you think this is too sweet?					
16 Don't you think we are late?					
17 Don't you think English is easy?					
18 Don't you think he stole your car?					
19 Don't you think Hailey was her sister?					
20 Don't you think he knew your name?					

입영작
마스터
훈련

조금 더 자연스러운
우리말 문장을 보고
실감나게 입영작하세요.

'걔'는 he가 될 수도
she가 될 수도 있으며
여러분의 선택입니다.

1 너 네가 특별하다고 생각해?

2 너 내가 멍청하다고 생각해?

3 너 그게 내 실수라고 생각해?

4 너 그게 공평하다고 생각해?

5 너 그게 웃기다고 생각해?

6 너 우리가 이걸 할 수 있다고 생각해?

7 너 걔가 그 시험 패스할 수 있다고 생각해?

8 너 내가 걔를 죽였다고 생각해?

9 너 그 시험이 어려웠다고 생각해?

10 너 걔가 실수했다고 생각해?

11 넌 걔가 거짓말쟁이라고 생각하지 않아?

12 넌 걔가 똑똑하다고 생각하지 않아?

13 넌 네가 너무 민감하다고 생각하지 않아?

14 넌 이게 너무 비싸다고 생각하지 않아?

15 넌 이게 너무 달다고 생각하지 않아?

16 넌 우리가 늦었다고 생각하지 않아?

17 넌 영어가 쉽다고 생각하지 않아?

18 넌 걔가 네 차를 훔쳤다고 생각하지 않니?

19 넌 Hailey가 걔네 언니였다고 생각하지 않아?

20 넌 걔가 네 이름을 알았다고 생각하지 않아?

심하게 버벅거림 : 1점
버벅거림은 줄었으나 책 읽듯 어색함 : 3점
연기하듯 자연스러움 : 5점

1차   2차   3차

TOTAL

40점 이하	41~79점	80점 이상
연기낭독 훈련 부터 다시	입영작 마스터 훈련 재도전	품의 답 1 완성

WHAT DO YOU THINK MY GIRLFRIEND LIKES?

내 여자친구가 뭘 좋아하는 것 같아?

사용빈도
★ ★ ★
난이도
★ ★ ★ ★ ☆

마유: 내일이 여자친구 생일인데 선물을 안 샀네.

주희: 걔 삐칠 텐데?

마유: 내 여자친구가 뭘 좋아하는 것 같아?

주희: 아무튼 꽃, 인형, 편지만 주지 마.

> **상황** 마유는 자신의 여자친구가 '무엇을' 좋아하는 것 같은지
> 주희의 '생각'을 묻고 있습니다.

무기

[What do you think]

무엇을 ~한다고 넌 생각하니?

---

1 **[What (무엇을)]에 대한 상대방의 생각을 물어보는 무기입니다.**

예) 넌 내 남자친구가 무엇을 싫어한다고 생각해?

(What do you think my boyfriend hates?)

넌 내 여자친구가 무엇을 하고 있다고 생각해?

(What do you think my girlfriend is doing?)

넌 여자애들이 무엇을 좋아한다고 생각해?

(What do you think girls like?)

2 **'~라고 생각해?'를 '~인 것 같아?'로 의역하면 더욱 자연스러울 수 있습니다.**

예) What do you think I like?

(넌 내가 뭘 좋아한다고 생각해? → 넌 내가 뭘 좋아하는 것 같아?)

[What] + [do you think] + [평서문]?

현재		
	1	넌 내가 뭘 좋아한다고 생각하니?
	2	[무엇을] + [넌 생각하니] + [내가 좋아한다고]?
		[What] + [do you think] + [I like]?
	3	What do you think I like?

과거		
		* what이 주어로 쓰인 경우: [평서문] 대신 [동사]를 사용
	1	넌 뭐가 벌어졌다고 생각하니?
	2	[무엇이] + [넌 생각하니] + [벌어졌다고]?
		[What] + [do you think] + [happened]?
	3	What do you think happened?

현재진행		
	1	넌 내가 뭘 하고 있다고 생각하니?
	2	[무엇을] + [넌 생각하니] + [내가 하고 있다고]?
		[What] + [do you think] + [I am doing]?
	3	What do you think I am doing?

무기 UPGRADE	a. [What do you think] 안의 [you]를 바꾸어 남의 생각을 물어볼 수도 있음. 예) What do they think I like? (걔네는 내가 뭘 좋아한다고 생각하니?) b. [What do you think] 안의 [Do동사] 시제를 바꾸어 물어볼 수도 있음. 예) What did you think I ate? (넌 내가 뭘 먹었다고 생각했니?)

예문 폭탄

1 **What / do you think / I do?**
(무엇을 / 너는 생각하니 / 내가 한다고?)

2 **What / do you think / he has?**
(무엇을 / 너는 생각하니 / 그가 가지고 있다고?)

3 **What / do you think / they did / yesterday?**
(무엇을 / 너는 생각하니 / 그들이 했다고 / 어제?)

4 **What / do you think / she is singing?**
(무엇을 / 너는 생각하니 / 그녀가 부르고 있다고?)

5 **What / do you think / I want to try?**
(무엇을 / 너는 생각하니 / 내가 시도하고 싶다고?)

6 **What / do you think / Superman can do?**
(무엇을 / 너는 생각하니 / 수퍼맨이 할 수 있다고?)

7 **What / do you think / she should wear?**
(무엇을 / 너는 생각하니 / 그녀가 입어야 한다고?)

8 **What / do you think / they are going to say?**
(무엇을 / 너는 생각하니 / 그들이 말할 거라고?)

9 **What / does your father think / you are doing?**
(무엇을 / 너희 아버지는 생각하시니 / 네가 하고 있다고?)

10 **What / did you think / I said?**
(무엇을 / 너는 생각했니 / 내가 말했다고?)

손영작
입영작
어순 훈련

막히지 않을 때까지
손영작+입영작 무한반복 하세요.

1 무엇을 / 넌 생각하니 / 내가 좋아한다고?

_____ / _____ / _____

2 무엇을 / 넌 생각하니 / 내가 좋아하지 않는다고?

_____ / _____ / _____

3 무엇을 / 넌 생각하니 / 그녀가 좋아한다고?

_____ / _____ / _____

4 무엇을 / 넌 생각하니 / 그들이 만든다고?

_____ / _____ / _____

5 무엇을 / 넌 생각하니 / 내가 먹지 않는다고?

_____ / _____ / _____

6 무엇을 / 넌 생각하니 / 내가 하고 있다고?

_____ / _____ / _____

7 무엇을 / 넌 생각하니 / 그녀가 말하고 있다고?

_____ / _____ / _____

8 무엇을 / 넌 생각하니 / 내가 먹고 있다고?

_____ / _____ / _____

9 무엇을 / 넌 생각하니 / 그가 생각하고 있다고?

_____ / _____ / _____

10 무엇을 / 넌 생각하니 / 우리가 마시고 있다고?

_____ / _____ / _____

11 무엇을 / 넌 생각하니 / 내가 제안했다고?　　　　　　　　　▶ 제안하다 suggest

_____ / _____ / _____

12 무엇을 / 넌 생각하니 / 내가 먹었다고 / 오늘?

_____ / _____ / _____ / _____

13 무엇을 / 넌 생각하니 / 그녀가 배웠다고?　　　　　　　　　　▶ 배우다 learn

_____ / _____ / _____

14 무엇을 / 넌 생각하니 / 그가 요리해 줬다고 / 날 위해?

_____ / _____ / _____ / _____

15 무엇을 / 넌 생각하니 / 그들이 바꿨다고?

_____ / _____ / _____

16 무엇을 / 넌 생각하니 / 내가 하고 싶다고?

_____ / _____ / _____

17 무엇을 / 넌 생각하니 / 내가 연주할 수 있다고?　　　　　　　▶ 연주하다 play

_____ / _____ / _____

18 무엇을 / 넌 생각하니 / 내가 해야 한다고?

_____ / _____ / _____

19 무엇을 / 넌 생각하니 / 그녀가 말할 거라고?　　　　　　　　　▶ 말하다 say

_____ / _____ / _____

20 무엇을 / 넌 생각하니 / 그들이 할 거라고?

_____ / _____ / _____

STEP 2

연기낭독
훈련

답을 맞춰 보며 상대방에게
이야기하듯 실감나게 낭독한
후 낭독 횟수를 체크하세요.

조용히, 억양 없이, 영혼 없이
낭독하면 공식으로만 남게
돼 매우 위험함.

		4회	8회	12회	16회	20회
1	What do you think I like?	✓				
2	What do you think I don't like?					
3	What do you think she likes?					
4	What do you think they make?					
5	What do you think I don't eat?					
6	What do you think I am doing?					
7	What do you think she is saying?					
8	What do you think I am eating?					
9	What do you think he is thinking?					
10	What do you think we are drinking?					
11	What do you think I suggested?					
12	What do you think I ate today?					
13	What do you think she learned?					
14	What do you think he cooked for me?					
15	What do you think they changed?					
16	What do you think I want to do?					
17	What do you think I can play?					
18	What do you think I should do?					
19	What do you think she is going to say?					
20	What do you think they are going to do?					

STEP 3

입영작
마스터
훈련

조금 더 자연스러운
우리말 문장을 보고
실감나게 입영작하세요.

'걔'는 he가 될 수도
she가 될 수도 있으며
여러분의 선택입니다.

1   넌 내가 뭘 좋아한다고 생각해?

2   넌 내가 뭘 안 좋아한다고 생각해?

3   넌 걔가 뭘 좋아한다고 생각해?

4   넌 걔네가 뭘 만든다고 생각해?

5   넌 내가 뭘 안 먹는다고 생각해?

6   넌 내가 뭘 하고 있다고 생각해?

7   넌 걔가 뭘 말하고 있다고 생각해?

8   넌 내가 뭘 먹고 있다고 생각해?

9   넌 걔가 뭘 생각하고 있다고 생각해?

10 넌 우리가 뭘 마시고 있다고 생각해?

11 넌 내가 뭘 제안했다고 생각해?

12 넌 내가 오늘 뭘 먹었다고 생각해?

13 넌 걔가 뭘 배웠다고 생각해?

14 넌 걔가 날 위해 뭘 요리해 줬다고 생각해?

15 넌 걔네가 뭘 바꿨다고 생각해?

16 넌 내가 뭘 하고 싶다고 생각해?

17 넌 내가 뭘 연주할 수 있다고 생각해?

18 넌 내가 뭘 해야 한다고 생각해?

19 넌 걔가 뭘 말할 거라고 생각해?

20 넌 걔네가 뭘 할 거라고 생각해?

심하게 버벅거림 : 1점
버벅거림은 줄었으나 책 읽듯 어색함 : 3점
연기하듯 자연스러움 : 5점

	1차	2차	3차
TOTAL			

40점 이하
연기낭독
훈련 부터 다시

41~79점
입영작
마스터
훈련 재도전

80점 이상
품띠
2
단 완성

WHEN DO YOU THINK IT HAPPENED?

그게 언제 벌어진 것 같아?

사용빈도
★★★
난이도
★★★★☆

봉락: 나 방귀 뀌었어.
마유: 아... 좀 심하네.
봉락: 그게 언제 벌어졌다고 생각해?
마유: 아니, 그걸 왜 나한테...

상황 봉락이는 자신이 '언제' 방귀를 내보낸 것 같은지 마유의 '생각'을 물어보고 있습니다.

무기

[When do you think]

언제 ~라고 넌 생각하니?

---

1 **[When (언제)]에 대한 상대방의 생각을 물어보는 무기입니다.**

예) 넌 네 친구가 언제 졸업했다고 생각하니?
  (When do you think your friend graduated?)

  넌 네 남자친구가 언제 돌아올 수 있다고 생각하니?
  (When do you think your boyfriend can come back?)

  넌 네 부모님이 언제 이사하실 거라고 생각하니?
  (When do you think your parents will move?)

2 **'~라고 생각해?'를 '~인 것 같아?'로 의역하면 더욱 자연스러울 수 있습니다.**

예) When do you think I graduated?
  (넌 내가 언제 졸업했다고 생각해? ➔ 넌 내가 언제 졸업한 것 같아?)

무기 사용법

[When] + [do you think] + [평서문]?

과거
1 넌 언제 그녀가 졸업했다고 생각하니?
2 [언제] + [넌 생각하니] + [그녀가 졸업했다고]?
   [When] + [do you think] + [she graduated]?
3 When do you think she graduated?

조동사
1 넌 언제 네 남자친구가 돌아올 수 있다고 생각하니?
2 [언제] + [넌 생각하니] + [네 남자친구가 돌아올 수 있다고]?
   [When] + [do you think] + [your boyfriend can come back]?
3 When do you think your boyfriend can come back?

의지/추측
1 넌 언제 그가 이사할 거라고 생각하니?
2 [언제] + [넌 생각하니] + [그가 이사할 거라고]?
   [When] + [do you think] + [he will move]?
3 When do you think he will move?

무기 UPGRADE

a. [When do you think] 안의 [you]를 바꾸어 남의 생각을 물어볼 수도 있음.
   예) When does she think she can come? (걔는 언제 자기가 올 수 있다고 생각하니?)
b. [When do you think] 안의 [Do동사] 시제를 바꾸어 물어볼 수도 있음.
   예) When did you think I arrived? (넌 언제 내가 도착했다고 생각했니?)

예문 폭탄

1 **When / do you think / I came back?**
   (언제 / 넌 생각하니 / 내가 돌아왔다고?)

2 **When / do you think / she married him?**
   (언제 / 넌 생각하니 / 그녀가 그와 결혼했다고?)

3 **When / do you think / they sold the store?**
   (언제 / 넌 생각하니 / 그들이 그 가게를 팔았다고?)

4 **When / do you think / you can move to Tokyo?**
   (언제 / 넌 생각하니 / 네가 도쿄로 이사할 수 있다고?)

5 **When / do you think / he can quit?**
   (언제 / 넌 생각하니 / 그가 관둘 수 있다고?)

6 **When / do you think / we can visit your dad?**
   (언제 / 넌 생각하니 / 우리가 너희 아빠를 방문할 수 있다고?)

7 **When / do you think / I will propose?**
   (언제 / 넌 생각하니 / 내가 청혼할 거라고?)

8 **When / do you think / you will marry Jenna?**
   (언제 / 넌 생각하니 / 네가 Jenna와 결혼할 거라고?)

9 **When / do you think / he will understand?**
   (언제 / 넌 생각하니 / 그가 이해할 거라고?)

10 **When / do you think / my birthday is?**
   (언제 / 넌 생각하니 / 내 생일이 ～이다고?)

STEP 1

**손영작
입영작
어순 훈련**

막히지 않을 때까지
손영작+입영작 무한반복 하세요.

1   언제 / 넌 생각하니 / 내가 떠났다고?

_____ / _____ / _____

2   언제 / 넌 생각하니 / 내가 만났다고 / 그녀를?

_____ / _____ / _____ / _____

3   언제 / 넌 생각하니 / 내가 관뒀다고 / 내 일을?   ▶ ~을 관두다 quit   ▶ 일 job

_____ / _____ / _____ / _____

4   언제 / 넌 생각하니 / 내가 끝마쳤다고 / 내 숙제를?

_____ / _____ / _____ / _____

5   언제 / 넌 생각하니 / 내가 시작했다고 / 내 사업을?

_____ / _____ / _____ / _____

6   언제 / 넌 생각하니 / 그녀가 전화했다고 / 네게?

_____ / _____ / _____ / _____

7   언제 / 넌 생각하니 / 그들이 해고했다고 / 그를?

_____ / _____ / _____ / _____

8   언제 / 넌 생각하니 / 그가 도착했다고 / 한국에?

_____ / _____ / _____ / _____

9   언제 / 넌 생각하니 / 그녀가 깨어났다고?

_____ / _____ / _____

10   언제 / 넌 생각하니 / 그들이 팔았다고 / 그들의 카페를?

_____ / _____ / _____ / _____

11 언제 / 넌 생각하니 / 네가 도와줄 수 있다고 / 날?

_____ / _____ / _____ / _____

12 언제 / 넌 생각하니 / 네가 올 수 있다고 / 여기에?

_____ / _____ / _____ / _____

13 언제 / 넌 생각하니 / 네가 마실 수 있다고 / 나랑?

_____ / _____ / _____ / _____

14 언제 / 넌 생각하니 / 그녀가 점심 식사를 할 수 있다고 / 나랑?

▶ 점심 식사하다 have lunch

_____ / _____ / _____ / _____

15 언제 / 넌 생각하니 / 그들이 고칠 수 있다고 / 내 TV를?

_____ / _____ / _____ / _____

16 언제 / 넌 생각하니 / 너희 어머니가 돌아올 거라고?

_____ / _____ / _____

17 언제 / 넌 생각하니 / 그가 일어날 거라고 / 내일?

_____ / _____ / _____ / _____

18 언제 / 넌 생각하니 / 그들이 살 거라고 / 냉장고를?

▶ 냉장고 refrigerator

_____ / _____ / _____ / _____

19 언제 / 넌 생각하니 / 그들이 팔 거라고 / 그들의 회사를?

_____ / _____ / _____ / _____

20 언제 / 넌 생각하니 / 그가 청혼할 거라고 / 내게?

▶ ~에게 청혼하다 propose to

_____ / _____ / _____ / _____

		4회	8회	12회	16회	20회
1	When do you think I left?	✓				
2	When do you think I met her?					
3	When do you think I quit my job?					
4	When do you think I finished my homework?					
5	When do you think I started my business?					
6	When do you think she called you?					
7	When do you think they fired him?					
8	When do you think he arrived in Korea?					
9	When do you think she woke up?					
10	When do you think they sold their cafe?					
11	When do you think you can help me?					
12	When do you think you can come here?					
13	When do you think you can drink with me?					
14	When do you think she can have lunch with me?					
15	When do you think they can fix my TV?					
16	When do you think your mother will come back?					
17	When do you think he will wake up tomorrow?					
18	When do you think they will buy a refrigerator?					
19	When do you think they will sell their company?					
20	When do you think he will propose to me?					

입영작
마스터
훈련

조금 더 자연스러운
우리말 문장을 보고
실감나게 입영작하세요.

'걔'는 he가 될 수도
she가 될 수도 있으며
여러분의 선택입니다.

1 넌 내가 언제 떠났다고 생각해?

2 넌 내가 언제 걔를 만났다고 생각해?

3 넌 내가 언제 내 일을 관뒀다고 생각해?

4 넌 내가 언제 내 숙제를 끝마쳤다고 생각해?

5 넌 내가 언제 내 사업을 시작했다고 생각해?

6 넌 걔가 언제 너한테 전화했다고 생각해?

7 넌 걔네가 언제 걔를 해고했다고 생각해?

8 넌 걔가 언제 한국에 도착했다고 생각해?

9 넌 걔가 언제 깨어났다고 생각해?

10 넌 걔네가 언제 걔네들 카페를 팔았다고 생각해?

11 넌 네가 언제 날 도와줄 수 있다고 생각해?

12 넌 네가 언제 여기 올 수 있다고 생각해?

13 넌 네가 언제 나랑 마실 수 있다고 생각해?

14 넌 걔가 언제 나랑 점심 먹을 수 있다고 생각해?

15 넌 걔네가 언제 내 TV를 고칠 수 있다고 생각해?

16 넌 너네 어머니가 언제 돌아오실 거라고 생각해?

17 넌 걔가 내일 언제 일어날 거라고 생각해?

18 넌 걔네가 언제 냉장고를 살 거라고 생각해?

19 넌 걔네가 언제 자기네 회사를 팔 거라고 생각해?

20 넌 걔가 언제 나한테 청혼할 거라고 생각해?

심하게 버벅거림 : 1점
버벅거림은 줄었으나 책 읽듯 어색함 : 3점
연기하듯 자연스러움 : 5점

	1차	2차	3차
TOTAL			

40점 이하
연기낭독
훈련 부터 다시

41~79점
입영작
마스터
훈련 재도전

80점 이상
품띠
3
단 완성

WHERE DO YOU THINK I SAW HER?

내가 걔를 어디에서 봤을 것 같아?

사용빈도
★★★
난이도
★★★★☆

영미: 나 어제 네 여자친구 봤다? 어디서 봤게?

마유: 뭐, 도서관에서 봤겠지. 너도 도서관 갔었나 봐?

영미: 오케이, 힌트. 최첨단 조명, 엄청난 음향 시스템, 디제이, 선남선녀.

마유: (여전히 모름).

상황 영미는 자신이 **'어디에서'** 마유의 여자친구를 봤을 것 같은지 마유의 **'생각'**을 물어보고 있습니다.

무기

[Where do you think]
어디에서 ~한다고 넌 생각하니?

---

1 **[Where (어디에서/어디에/어디로/어디를)]에 대한 상대방의 생각을 물어보는 무기입니다.**

예) 넌 내가 어디에서 그녀를 봤다고 생각해?
   (Where do you think I saw her?)

   넌 John이 어디에 있다고 생각해?
   (Where do you think John is?)

   넌 그녀가 어디로 가고 있다고 생각해?
   (Where do you think she is going?)

2 **'~라고 생각해?'를 '~인 것 같아?'로 의역하면 더욱 자연스러울 수 있습니다.**

예) Where do you think John is?
   (넌 John이 어디에 있다고 생각해? → 넌 John이 어디에 있는 것 같아?)

[Where] + [do you think] + [평서문]?

과거	1	넌 어디에서 내가 그녀를 봤다고 생각하니?
	2	[어디에서] + [넌 생각하니] + [내가 그녀를 봤다고]?
		[Where] + [do you think] + [I saw her]?
	3	Where do you think I saw her?
현재	1	넌 어디에 John이 있다고 생각하니?
	2	[어디에] + [넌 생각하니] + [John이 있다고]?
		[Where] + [do you think] + [John is]?
	3	Where do you think John is?
현재진행	1	넌 그녀가 어디로 가고 있다고 생각하니?
	2	[어디로] + [넌 생각하니] + [그녀가 가고 있다고]?
		[Where] + [do you think] + [she is going]?
	3	Where do you think she is going?

무기 UPGRADE

a. [Where do you think] 안의 [you]를 바꾸어 남의 생각을 물어볼 수도 있음.
예) Where does <u>she</u> think I live? (<u>그녀는</u> 내가 어디 산다고 생각하지?)
b. [When do you think] 안의 [Do동사] 시제를 바꾸어 물어볼 수도 있음.
예) Where <u>did</u> you think I was? (넌 내가 어디 있었다고 생각했니?)

예문 폭탄

1 **Where / do you think / they are?**
(어디에 / 넌 생각하니 / 그들이 있다고?)

2 **Where / do you think / I visited?**
(어디를 / 넌 생각하니 / 내가 방문했다고?)

3 **Where / do you think / she learned English?**
(어디에서 / 넌 생각하니 / 그녀가 영어를 배웠다고?)

4 **Where / do you think / your son went?**
(어디로 / 넌 생각하니 / 네 아들이 갔었다고?)

5 **Where / do you think / he wants to work?**
(어디에서 / 넌 생각하니 / 그가 일하고 싶어한다고?)

6 **Where / do you think / I want to live?**
(어디에서 / 넌 생각하니 / 내가 살고 싶어한다고?)

7 **Where / do you think / they want to stay?**
(어디에서 / 넌 생각하니 / 그들이 머물고 싶어한다고?)

8 **Where / do you think / we should go?**
(어디로 / 넌 생각하니 / 우리가 가야 한다고?)

9 **Where / do you think / he will stay?**
(어디에서 / 넌 생각하니 / 그가 머물 거라고?)

10 **Where / do you think / Isabel is going?**
(어디로 / 넌 생각하니 / Isabel이 가고 있다고?)

STEP 1

손영작
입영작
어순 훈련

막히지 않을 때까지
손영작＋입영작 무한반복 하세요.

1 어디에 / 넌 생각하니 / 내가 있다고?

_____ / _____ / _____

2 어디에 / 넌 생각하니 / 내가 산다고?

_____ / _____ / _____

3 어디에서 / 넌 생각하니 / 내가 일한다고?

_____ / _____ / _____

4 어디에서 / 넌 생각하니 / 내가 공부한다고 / 영어를?

_____ / _____ / _____ / _____

5 어디에 / 넌 생각하니 / 내가 간다고 / 매일?

_____ / _____ / _____ / _____

6 어디에 / 넌 생각하니 / 그녀가 있다고?

_____ / _____ / _____

7 어디에서 / 넌 생각하니 / 그녀가 사용한다고 / 그녀의 신용카드를?

▶ 신용카드 credit card

_____ / _____ / _____ / _____

8 어디에서 / 넌 생각하니 / 그녀가 가르친다고 / 중국어를?

_____ / _____ / _____ / _____

9 어디에서 / 넌 생각하니 / 그들이 운동한다고?

_____ / _____ / _____

10 어디에 / 넌 생각하니 / 그가 간다고 / 매일 밤?

_____ / _____ / _____ / _____

11 어디에 / 넌 생각하니 / 내가 있었다고?

_____ / _____ / _____

12 어디에 / 넌 생각하니 / 내가 갔다고?

_____ / _____ / _____

13 어디에 / 넌 생각하니 / 그녀가 있었다고?

_____ / _____ / _____

14 어디에서 / 넌 생각하니 / 그가 했다고 / 점심식사를?

_____ / _____ / _____ / _____

15 어디에서 / 넌 생각하니 / 그녀가 샀다고 / 그녀의 치마를?

_____ / _____ / _____ / _____

16 어디에 / 넌 생각하니 / 내가 가고 있다고?

_____ / _____ / _____

17 어디에서 / 넌 생각하니 / 내 남자친구가 마시고 있다고?

_____ / _____ / _____

18 어디에 / 넌 생각하니 / 내가 놀고 싶다고?

▶ 놀다 hang out

_____ / _____ / _____

19 어디에서 / 넌 생각하니 / 그가 일하고 싶어한다고?

_____ / _____ / _____

20 어디로 / 넌 생각하니 / 내가 갈 수 있다고?

_____ / _____ / _____

STEP 2

연기낭독
훈련

답을 맞춰 보며 상대방에게
이야기하듯 실감나게 낭독한
후 낭독 횟수를 체크하세요.

조용히, 억양 없이, 영혼 없이
낭독하면 공식으로만 남게
돼 매우 위험함.

	4회	8회	12회	16회	20회
1 Where do you think I am?	✓				
2 Where do you think I live?					
3 Where do you think I work?					
4 Where do you think I study English?					
5 Where do you think I go every day?					
6 Where do you think she is?					
7 Where do you think she uses her credit card?					
8 Where do you think she teaches Chinese?					
9 Where do you think they exercise?					
10 Where do you think he goes every night?					
11 Where do you think I was?					
12 Where do you think I went?					
13 Where do you think she was?					
14 Where do you think he had lunch?					
15 Where do you think she bought her skirt?					
16 Where do you think I am going?					
17 Where do you think my boyfriend is drinking?					
18 Where do you think I want to hang out?					
19 Where do you think he wants to work?					
20 Where do you think I can go?					

STEP 3

입영작
마스터
훈련

조금 더 자연스러운
우리말 문장을 보고
실감나게 입영작하세요.

'걔'는 he가 될 수도
she가 될 수도 있으며
여러분의 선택입니다.

1   넌 내가 어디 있다고 생각해?

2   넌 내가 어디 산다고 생각해?

3   넌 내가 어디서 일한다고 생각해?

4   넌 내가 어디서 영어를 공부한다고 생각해?

5   넌 내가 매일 어디 간다고 생각해?

6   넌 걔가 어디 있다고 생각해?

7   넌 걔가 어디서 자기 신용카드를 쓴다고 생각해?

8   넌 걔가 어디서 중국어를 가르친다고 생각해?

9   넌 걔네가 어디서 운동한다고 생각해?

10   넌 걔가 매일 밤 어디 간다고 생각해?

11   넌 내가 어디 있었다고 생각해?

12   넌 내가 어디 갔다고 생각해?

13   넌 걔가 어디 있었다고 생각해?

14   넌 걔가 어디서 점심 먹었다고 생각해?

15   넌 걔가 어디서 자기 치마를 샀다고 생각해?

16   넌 내가 어디 가고 있다고 생각해?

17   넌 내 남자친구가 어디서 마시고 있다고 생각해?

18   넌 내가 어디서 놀고 싶다고 생각해?

19   넌 걔가 어디서 일하고 싶어한다고 생각해?

20   넌 내가 어디에 갈 수 있다고 생각해?

심하게 버벅거림 : 1점
버벅거림은 줄었으나 책 읽듯 어색함 : 3점
연기하듯 자연스러움 : 5점

	1차	2차	3차
TOTAL			

40점 이하

연기낭독
훈련 부터 다시

41~79점

입영작
마스터
훈련 재도전

80점 이상

품띠
4
단 완성

WHY DO YOU THINK
I LIKE YOU?

내가 널 왜 좋아하는 것 같아?

사용빈도
★ ★ ★
난이도
★ ★ ★ ★ ☆

마유: 뭘 그리 쳐다봐?
단아: **내가 자길 왜 좋아하는 것 같아?**
마유: 잘생겨서겠지.
단아: 아니, 아니. 진지하게.

상황 단아는 자신이 '**왜**' 마유를 좋아하는 것 같은지 마유의 '**생각**'을 물어보고 있습니다.

무기

[Why do you think]

왜 ~한다고 너는 생각하니?

---

1 **[Why (왜)]에 대해 상대방의 생각을 물어보는 무기입니다.**

예) 넌 내가 <u>왜</u> 열심히 일하고 있다고 <u>생각해</u>?
(<u>Why do you think</u> I am working hard?)

넌 걔가 <u>왜</u> 웃고 있다고 <u>생각해</u>?
(<u>Why do you think</u> she is laughing?)

넌 걔네가 <u>왜</u> 울었다고 <u>생각해</u>?
(<u>Why do you think</u> they cried?)

2 **'~라고 생각해?'를 '~인 것 같아?'로 의역하면 더욱 자연스러울 수 있습니다.**

예) Why <u>do you think</u> I am smiling?
(넌 내가 왜 미소 짓고 있다고 <u>생각해</u>? ➜ 넌 내가 왜 미소 짓고 있는 <u>것 같아</u>?)

무기 사용법

[Why] + [do you think] + [평서문]?

현재
1 넌 왜 내가 열심히 일한다고 생각하니?
2 [왜] + [넌 생각하니] + [내가 열심히 일한다고]?
   [Why] + [do you think] + [I work hard]?
3 Why do you think I work hard?

현재진행
1 넌 왜 그녀가 웃고 있다고 생각하니?
2 [왜] + [넌 생각하니] + [그녀가 웃고 있다고]?
   [Why] + [do you think] + [she is laughing]?
3 Why do you think she is laughing?

과거
1 넌 왜 그들이 울었다고 생각하니?
2 [왜] + [넌 생각하니] + [그들이 울었다고]?
   [Why] + [do you think] + [they cried]?
3 Why do you think they cried?

무기 UPGRADE

a. [Why do you think] 안의 [you]를 바꾸어 남의 생각을 물어볼 수도 있음.
   예) Why do they think I'm working here?
   (걔네는 내가 왜 여기서 일하고 있다고 생각하지?)
b. [Why do you think] 안의 [Do동사] 시제를 바꾸어 물어볼 수도 있음.
   예) Why did you think I worked there? (넌 내가 왜 거기서 일했다고 생각했니?)

예문 폭탄

1 **Why / do you think / I am here?**
   (왜 / 넌 생각하니 / 내가 여기 있다고?)

2 **Why / do you think / she loves you?**
   (왜 / 넌 생각하니 / 그녀가 널 사랑한다고?)

3 **Why / do you think / they hate me?**
   (왜 / 넌 생각하니 / 그들이 날 미워한다고?)

4 **Why / do you think / he doesn't trust you?**
   (왜 / 넌 생각하니 / 그가 널 믿지 않는다고?)

5 **Why / do you think / I left New York?**
   (왜 / 넌 생각하니 / 내가 뉴욕을 떠났다고?)

6 **Why / do you think / he didn't like you?**
   (왜 / 넌 생각하니 / 그가 널 좋아하지 않았다고?)

7 **Why / do you think / we fired him?**
   (왜 / 넌 생각하니 / 우리가 그를 해고했다고?)

8 **Why / do you think / they are hiding here?**
   (왜 / 넌 생각하니 / 그들이 여기 숨어 있다고?)

9 **Why / do you think / Justin is drinking?**
   (왜 / 넌 생각하니 / Justin이 마시고 있다고?)

10 **Why / do you think / I am proposing to you?**
   (왜 / 넌 생각하니 / 내가 너에게 청혼하고 있다고?)

1 왜 / 넌 생각하니 / 내가 사랑한다고 / 널?

_____ / _____ / _____ / _____

2 왜 / 넌 생각하니 / 내가 화나 있다고?

_____ / _____ / _____

3 왜 / 넌 생각하니 / 사람들이 좋아하지 않는다고 / 널?

_____ / _____ / _____ / _____

4 왜 / 넌 생각하니 / 그가 일한다고 / 여기에서?

_____ / _____ / _____ / _____

5 왜 / 넌 생각하니 / 그녀가 운다고 / 매일 밤?

_____ / _____ / _____ / _____

6 왜 / 넌 생각하니 / 내가 사랑했다고 / 널?

_____ / _____ / _____ / _____

7 왜 / 넌 생각하니 / 내가 좋아하지 않았다고 / Patrick을?

_____ / _____ / _____ / _____

8 왜 / 넌 생각하니 / 내가 떠났다고 / 널?

_____ / _____ / _____ / _____

9 왜 / 넌 생각하니 / 내가 공부했다고 / 영어를?

_____ / _____ / _____ / _____

10 왜 / 넌 생각하니 / 그가 무시했다고 / 그것을?　　　　　　　　　　▶ 무시하다 ignore

_____ / _____ / _____ / _____

11 왜 / 넌 생각하니 / 내가 하고 있다고 / 이걸?

_____ / _____ / _____ / _____

12 왜 / 넌 생각하니 / 내가 지지하고 있다고 / 널?

▶ 지지하다 support

_____ / _____ / _____ / _____

13 왜 / 넌 생각하니 / 내가 먹고 있다고 / 샐러드를?

_____ / _____ / _____ / _____

14 왜 / 넌 생각하니 / 내가 미소 짓고 있다고?

▶ 미소 짓다 smile

_____ / _____ / _____

15 왜 / 넌 생각하니 / 내가 울고 있다고?

_____ / _____ / _____

16 왜 / 넌 생각하니 / 그들이 달리고 있다고?

_____ / _____ / _____

17 왜 / 넌 생각하니 / 그가 거짓말하고 있다고?

_____ / _____ / _____

18 왜 / 넌 생각하니 / 우리가 저축하고 있다고 / 돈을?

▶ 저축하다 save

_____ / _____ / _____ / _____

19 왜 / 넌 생각하니 / 그녀가 숨기고 있다고 / 그녀의 비밀을?

▶ 비밀 secret

_____ / _____ / _____ / _____

20 왜 / 넌 생각하니 / 그녀가 전화하고 있지 않다고 / 네게?

_____ / _____ / _____ / _____

	4회	8회	12회	16회	20회
1 Why do you think I love you?	✓				
2 Why do you think I am angry?					
3 Why do you think people don't like you?					
4 Why do you think he works here?					
5 Why do you think she cries every night?					
6 Why do you think I loved you?					
7 Why do you think I didn't like Patrick?					
8 Why do you think I left you?					
9 Why do you think I studied English?					
10 Why do you think he ignored it?					
11 Why do you think I am doing this?					
12 Why do you think I am supporting you?					
13 Why do you think I am eating salad?					
14 Why do you think I am smiling?					
15 Why do you think I am crying?					
16 Why do you think they are running?					
17 Why do you think he is lying?					
18 Why do you think we are saving money?					
19 Why do you think she is hiding her secret?					
20 Why do you think she's not calling you?					

STEP 3

입영작
마스터
훈련

조금 더 자연스러운
우리말 문장을 보고
실감나게 입영작하세요.

'걔'는 he가 될 수도
she가 될 수도 있으며
여러분의 선택입니다.

1 넌 내가 왜 널 사랑한다고 생각해?

2 넌 내가 왜 화나 있다고 생각해?

3 넌 사람들이 왜 널 안 좋아한다고 생각해?

4 넌 걔가 왜 여기에서 일한다고 생각해?

5 넌 걔가 왜 매일 밤 운다고 생각해?

6 넌 내가 왜 널 사랑했다고 생각해?

7 넌 내가 왜 Patrick을 안 좋아했다고 생각해?

8 넌 내가 왜 널 떠났다고 생각해?

9 넌 내가 왜 영어를 공부했다고 생각해?

10 넌 걔가 왜 그걸 무시했다고 생각해?

11 넌 내가 왜 이걸 하고 있다고 생각해?

12 넌 내가 왜 널 지지하고 있다고 생각해?

13 넌 내가 왜 샐러드를 먹고 있다고 생각해?

14 넌 내가 왜 미소 짓고 있다고 생각해?

15 넌 내가 왜 울고 있다고 생각해?

16 넌 걔네가 왜 달리고 있다고 생각해?

17 넌 걔가 왜 거짓말하고 있다고 생각해?

18 넌 우리가 왜 돈을 모으고 있다고 생각해?

19 넌 걔가 왜 자기 비밀을 숨기고 있다고 생각해?

20 넌 걔가 왜 너한테 전화 안 하고 있다고 생각해?

심하게 버벅거림 : 1점
버벅거림은 줄었으나 책 읽듯 어색함 : 3점
연기하듯 자연스러움 : 5점

	1차	2차	3차
TOTAL			

40점 이하

연기낭독
훈련 부터 다시

41~79점

입영작
마스터
훈련 재도전

80점 이상

품띠
5
단 완성

HOW DO YOU THINK I MASTERED ENGLISH?

내가 어떻게 영어를 마스터한 것 같니?

사용빈도
★★★
난이도
★★★★☆

마유: Why do you think she 쏼라쏼라... 술술...유창유창...
현준: 난 왜 영어가 너처럼 안 되는 걸까...
마유: 넌 내가 어떻게 영어를 마스터했다고 생각해?
현준: 혹시... 입영작?

상황 마유는 자신이 '어떻게' 영어를 마스터한 것 같은지 현준이의 '생각'을 물어보고 있습니다.

무기
[How do you think]

어떻게 ~한다고 넌 생각하니?

1 [How (어떻게)]에 대해 상대방의 생각을 물어보는 무기입니다.

예) 너는 그녀가 어떻게 내 번호를 안다고 생각해?
(How do you think she knows my number?)

너는 내가 어떻게 15킬로를 뺐다고 생각해?
(How do you think I lost 15kg?)

너는 우리가 어떻게 이 문제를 해결할 수 있다고 생각해?
(How do you think we can solve this problem?)

2 '~라고 생각해?'를 '~인 것 같아?'로 의역하면 더욱 자연스러울 수 있습니다.

예) How do you think I know that?
(넌 내가 그걸 어떻게 안다고 생각해? ➡ 넌 내가 그걸 어떻게 아는 것 같아?)

[How] + [do you think] + [평서문]?

현재

1 넌 어떻게 그녀가 내 번호를 안다고 생각하니?

2 [어떻게] + [넌 생각하니] + [그녀가 내 번호를 안다고]?
[How] + [do you think] + [she knows my number]?

3 How do you think she knows my number?

과거

1 넌 어떻게 내가 15킬로를 뺐다고 생각하니?

2 [어떻게] + [넌 생각하니] + [내가 15킬로를 뺐다고]?
[How] + [do you think] + [I lost 15 kilograms]?

3 How do you think I lost 15 kilograms?

능력/가능성

1 넌 어떻게 우리가 이 문제를 해결할 수 있다고 생각하니?

2 [어떻게] + [넌 생각하니] + [우리가 이 문제를 해결할 수 있다고]?
[How] + [do you think] + [we can solve this problem]?

3 How do you think we can solve this problem?

무기 UPGRADE

a. [How do you think] 안의 [you]를 바꾸어 남의 생각을 물어볼 수도 있음.
예) How do they think I did it? (걔네는 내가 어떻게 그걸 했다고 생각하지?)

b. [How do you think] 안의 [Do동사] 시제를 바꾸어 물어볼 수도 있음.
예) How did you think I finished it? (넌 내가 그걸 어떻게 끝마쳤다고 생각했니?)

예문 폭탄

1 **How / do you think / he knows you?**
(어떻게 / 너 생각하니 / 그가 너를 안다고?)

2 **How / do you think / we save money?**
(어떻게 / 넌 생각하니 / 우리가 돈을 저축한다고?)

3 **How / do you think / I manage this?**
(어떻게 / 넌 생각하니 / 내가 이걸 관리한다고?)

4 **How / do you think / the murderer escaped?**
(어떻게 / 넌 생각하니 / 그 살인자가 탈출했다고?)

5 **How / do you think / Serena got an A?**
(어떻게 / 넌 생각하니 / Serena가 A를 받았다고?)

6 **How / do you think / she fixed her laptop?**
(어떻게 / 넌 생각하니 / 그녀가 그녀의 랩탑을 고쳤다고?)

7 **How / do you think / we won the game?**
(어떻게 / 넌 생각하니 / 우리가 그 게임을 이겼다고?)

8 **How / do you think / we can catch him?**
(어떻게 / 넌 생각하니 / 우리가 그를 잡을 수 있다고?)

9 **How / do you think / she can pass this test?**
(어떻게 / 넌 생각하니 / 그녀가 이 시험을 통과할 수 있다고?)

10 **How / do you think / he is going to convince her?**
(어떻게 / 넌 생각하니 / 그가 그녀를 설득할 거라고?)

STEP 1

손영작
입영작
어순 훈련

막히지 않을 때까지
손영작＋입영작 무한반복 하세요.

1 어떻게 / 넌 생각하니 / 내가 느낀다고?

_____ / _____ / _____

2 어떻게 / 넌 생각하니 / 내가 돈을 번다고?

_____ / _____ / _____

3 어떻게 / 넌 생각하니 / 내가 안다고 / 네 이름을?

_____ / _____ / _____ / _____

4 어떻게 / 넌 생각하니 / 그들이 기억한다고 / 날?

_____ / _____ / _____ / _____

5 어떻게 / 넌 생각하니 / 그녀가 간다고 / 직장에?

_____ / _____ / _____ / _____

6 어떻게 / 넌 생각하니 / 내가 끝냈다고 / 이 숙제를?

_____ / _____ / _____ / _____

7 어떻게 / 넌 생각하니 / 내가 키스했다고 / 그녀에게?

_____ / _____ / _____ / _____

8 어떻게 / 넌 생각하니 / 내가 패스했다고 / 이 시험을?

_____ / _____ / _____ / _____

9 어떻게 / 넌 생각하니 / 내가 고쳤다고 / 네 전화기를?

_____ / _____ / _____ / _____

10 어떻게 / 넌 생각하니 / 내가 마스터했다고 / 영어를?

_____ / _____ / _____ / _____

11 어떻게 / 넌 생각하니 / 그녀가 도망갔다고?

_____ / _____ / _____

12 어떻게 / 넌 생각하니 / 그가 찾았다고 / 날?

_____ / _____ / _____ / _____

13 어떻게 / 넌 생각하니 / 그들이 체포했다고 / 그를?

▶ 체포하다 arrest

_____ / _____ / _____ / _____

14 어떻게 / 넌 생각하니 / 우리가 풀어냈다고 / 이 문제를?

_____ / _____ / _____ / _____

15 어떻게 / 넌 생각하니 / 그녀가 기억했다고 / 내 얼굴을?

▶ 기억하다 remember

_____ / _____ / _____ / _____

16 어떻게 / 넌 생각하니 / 우리가 패스할 수 있다고 / 이 면접을?

▶ 면접 interview

_____ / _____ / _____ / _____

17 어떻게 / 넌 생각하니 / 우리가 살을 뺄 수 있다고?

▶ 살을 빼다 lose weight

_____ / _____ / _____

18 어떻게 / 넌 생각하니 / 네가 향상시킬 수 있다고 / 네 영어를?

▶ 향상시키다 improve

_____ / _____ / _____ / _____

19 어떻게 / 넌 생각하니 / 내가 외울 수 있다고 / 이 공식을?

▶ 외우다 memorize   ▶ 공식 formula

_____ / _____ / _____ / _____

20 어떻게 / 넌 생각하니 / 내가 고칠 수 있다고 / 내 문제를?

_____ / _____ / _____ / _____

	4회	8회	12회	16회	20회
1 How do you think I feel?	✓				
2 How do you think I make money?					
3 How do you think I know your name?					
4 How do you think they remember me?					
5 How do you think she goes to work?					
6 How do you think I finished this homework?					
7 How do you think I kissed her?					
8 How do you think I passed this test?					
9 How do you think I fixed your phone?					
10 How do you think I mastered English?					
11 How do you think she ran away?					
12 How do you think he found me?					
13 How do you think they arrested him?					
14 How do you think we solved this problem?					
15 How do you think she remembered my face?					
16 How do you think we can pass this interview?					
17 How do you think we can lose weight?					
18 How do you think you can improve your English?					
19 How do you think I can memorize this formula?					
20 How do you think I can fix my problem?					

입영작
마스터
훈련

조금 더 자연스러운
우리말 문장을 보고
실감나게 입영작하세요.

'걔'는 he가 될 수도
she가 될 수도 있으며
여러분의 선택입니다.

1 넌 내가 어떻게 느낀다고 생각해?

2 넌 내가 어떻게 돈을 번다고 생각해?

3 넌 내가 어떻게 네 이름을 안다고 생각해?

4 넌 걔네가 어떻게 날 기억한다고 생각해?

5 넌 걔가 어떻게 출근한다고 생각해?

6 넌 내가 어떻게 이 숙제를 끝냈다고 생각해?

7 넌 내가 어떻게 걔한테 키스했다고 생각해?

8 넌 내가 어떻게 이 시험을 패스했다고 생각해?

9 넌 내가 어떻게 네 전화기를 고쳤다고 생각해?

10 넌 내가 어떻게 영어를 마스터했다고 생각해?

11 넌 걔가 어떻게 도망갔다고 생각해?

12 넌 걔가 어떻게 날 찾았다고 생각해?

13 넌 걔네가 어떻게 걔를 체포했다고 생각해?

14 넌 우리가 어떻게 이 문제를 풀어냈다고 생각해?

15 넌 걔가 어떻게 내 얼굴을 기억했다고 생각해?

16 넌 우리가 어떻게 이 면접을 패스할 수 있다고 생각해?

17 넌 우리가 어떻게 살을 뺄 수 있다고 생각해?

18 넌 네가 어떻게 네 영어를 향상시킬 수 있다고 생각해?

19 넌 내가 어떻게 이 공식을 외울 수 있다고 생각해?

20 넌 내가 어떻게 내 문제를 고칠 수 있다고 생각해?

심하게 버벅거림 : 1점
버벅거림은 줄었으나 책 읽듯 어색함 : 3점
연기하듯 자연스러움 : 5점

	1차	2차	3차
TOTAL			

40점 이하

연기낭독
훈련 부터 다시

41~79점

입영작
마스터
훈련 재도전

80점 이상

품띠
6
단 완성

WHO DO YOU THINK I LIKE?

내가 누굴 좋아하는 것 같아?

사용빈도
★★★
난이도
★★★★

진숙: (얼굴이 매우 밝음)

마유: 너 요즘 좋아하는 사람 생겼지?

진숙: 오, 점쟁이네!
내가 누굴 좋아하는 거 같아?

상황 진숙이는 자신이 '누구를' 좋아할 것 같은지 마유의 '생각'을 물어보고 있습니다.

무기

[Who do you think]

누구를 ~한다고 넌 생각하니?

---

1 **[Who (누구를/누구에게)]에 대한 상대방의 생각을 물어보는 무기입니다.**

예) 넌 내가 누구를 싫어한다고 생각해?
(Who do you think I hate?)

넌 우리가 누구를 선택했다고 생각해?
(Who do you think we chose?)

넌 그가 누구에게 전화하고 있다고 생각해?
(Who do you think he is calling?)

2 **문장 맨 뒤에 [with]를 추가하면 '누구와'를 표현할 수도 있습니다.**

예) 넌 내가 누구랑 마셨다고 생각해?
(Who do you think I drank with?)

3 **'~라고 생각해?'를 '~인 것 같아?'로 의역하면 더욱 자연스러울 수 있습니다.**

예) Who do you think I admire?
(넌 내가 누굴 존경한다고 생각해? ➜ 넌 내가 누굴 존경하는 것 같아?)

무기 사용법
[Who] + [do you think] + [평서문]?

현재
1 넌 내가 누구를 존경한다고 생각하니?
2 [누구를] + [넌 생각하니] + [내가 존경한다고]?
   [Who] + [do you think] + [I respect]?
3 Who do you think I respect?

과거
1 넌 우리가 누구를 선택했다고 생각하니?
2 [누구를] + [넌 생각하니] + [우리가 선택했다고]?
   [Who] + [do you think] + [we chose]?
3 Who do you think we chose?

현재진행
1 넌 그가 누구에게 전화하고 있다고 생각하니?
2 [누구에게] + [넌 생각하니] + [그가 전화하고 있다고]?
   [Who] + [do you think] + [he is calling]?
3 Who do you think he is calling?

무기 UPGRADE	a. [Who do you think] 안의 [you]를 바꾸어 남의 생각을 물어볼 수도 있음. 예) Who does <u>she</u> think I love? (<u>그녀는</u> 내가 누굴 사랑한다고 생각하지?) b. [Who do you think] 안의 [Do동사] 시제를 바꾸어 물어볼 수도 있음. 예) Who <u>did</u> you think I kissed? (넌 내가 누구한테 키스했다고 생각했니?)

예문 폭탄

1 **Who / do you think / we love?**
(누구를 / 넌 생각하니 / 우리가 사랑한다고?)

2 **Who / do you think / I don't trust?**
(누구를 / 넌 생각하니 / 내가 신뢰하지 않는다고?)

3 **Who / do you think / he attacked?**
(누구를 / 넌 생각하니 / 그가 공격했다고?)

4 **Who / do you think / I watched the movie with?**
(누구와 / 넌 생각하니 / 내가 그 영화를 봤다고?)

5 **Who / do you think / I called?**
(누구에게 / 넌 생각하니 / 내가 전화했다고?)

6 **Who / do you think / she is seeing?**
(누구를 / 넌 생각하니 / 그녀가 만나고 있다고?)

7 **Who / do you think / I am drinking with?**
(누구와 / 넌 생각하니 / 내가 마시고 있다고?)

8 **Who / do you think / I want to help?**
(누구를 / 넌 생각하니 / 내가 돕고 싶어한다고?)

9 **Who / do you think / she should give up?**
(누구를 / 넌 생각하니 / 그녀가 포기해야 한다고?)

10 **Who / do you think / they can ask?**
(누구에게 / 넌 생각하니 / 그들이 물어볼 수 있다고?)

STEP 1

손영작
입영작
어순 훈련

막히지 않을 때까지
손영작+입영작 무한반복 하세요.

1 누구를 / 넌 생각하니 / 내가 사랑한다고?

_____ / _____ / _____

2 누구를 / 넌 생각하니 / 내가 좋아하지 않는다고?

_____ / _____ / _____

3 누구를 / 넌 생각하니 / 내가 싫어한다고?

_____ / _____ / _____

4 누구를 / 넌 생각하니 / Olivia가 사랑하고 지지한다고?

▶ 지지하다 support

_____ / _____ / _____

5 누구를 / 넌 생각하니 / 그들이 원한다고?

_____ / _____ / _____

6 누구에게 / 넌 생각하니 / 내가 키스했다고?

_____ / _____ / _____

7 누구에게 / 넌 생각하니 / 내가 물어봤다고?

_____ / _____ / _____

8 누구와 / 넌 생각하니 / 내가 공부했다고?

_____ / _____ / _____

9 누구를 / 넌 생각하니 / 그들이 선택했다고?

_____ / _____ / _____

10 누구와 / 넌 생각하니 / 그녀가 일했다고?

_____ / _____ / _____

11 누구에게 / 넌 생각하니 / 내가 전화하고 있다고?

_____ / _____ / _____

12 누구를 / 넌 생각하니 / 내가 도와주고 있다고?

_____ / _____ / _____

13 누구와 / 넌 생각하니 / 내가 운동하고 있다고?

_____ / _____ / _____

14 누구와 / 넌 생각하니 / 그가 춤추고 있다고?

_____ / _____ / _____

15 누구와 / 넌 생각하니 / 그들이 협조하고 있다고?

▶ 협조하다 cooperate

_____ / _____ / _____

16 누구를 / 넌 생각하니 / 내가 선택하고 싶다고?

_____ / _____ / _____

17 누구와 / 넌 생각하니 / 내가 일하고 싶다고?

_____ / _____ / _____

18 누구를 / 넌 생각하니 / 내가 고용하고 싶다고?

▶ 고용하다 hire

_____ / _____ / _____

19 누구에게 / 넌 생각하니 / 내가 물어볼 수 있다고?

_____ / _____ / _____

20 누구와 / 넌 생각하니 / 내가 먹을 수 있다고?

_____ / _____ / _____

		4회	8회	12회	16회	20회
1	Who do you think I love?	✓				
2	Who do you think I don't like?					
3	Who do you think I hate?					
4	Who do you think Olivia loves and supports?					
5	Who do you think they want?					
6	Who do you think I kissed?					
7	Who do you think I asked?					
8	Who do you think I studied with?					
9	Who do you think they chose?					
10	Who do you think she worked with?					
11	Who do you think I am calling?					
12	Who do you think I am helping?					
13	Who do you think I am exercising with?					
14	Who do you think he is dancing with?					
15	Who do you think they are cooperating with?					
16	Who do you think I want to choose?					
17	Who do you think I want to work with?					
18	Who do you think I want to hire?					
19	Who do you think I can ask?					
20	Who do you think I can eat with?					

1 넌 내가 누굴 사랑한다고 생각해?

2 넌 내가 누굴 좋아하지 않는다고 생각해?

3 넌 내가 누굴 미워한다고 생각해?

4 넌 Olivia가 누굴 사랑하고 지지한다고 생각해?

5 넌 걔네가 누굴 원한다고 생각해?

6 넌 내가 누구한테 키스했다고 생각해?

7 넌 내가 누구한테 물어봤다고 생각해?

8 넌 내가 누구랑 공부했다고 생각해?

9 넌 걔네가 누굴 선택했다고 생각해?

10 넌 걔가 누구랑 일했다고 생각해?

11 넌 내가 누구한테 전화하고 있다고 생각해?

12 넌 내가 누굴 도와주고 있다고 생각해?

13 넌 내가 누구랑 운동하고 있다고 생각해?

14 넌 걔가 누구랑 춤추고 있다고 생각해?

15 넌 걔네가 누구랑 협조하고 있다고 생각해?

16 넌 내가 누굴 선택하고 싶어한다고 생각해?

17 넌 내가 누구랑 일하고 싶어한다고 생각해?

18 넌 내가 누굴 고용하고 싶어한다고 생각해?

19 넌 내가 누구한테 물어볼 수 있다고 생각해?

20 넌 내가 누구랑 먹을 수 있다고 생각해?

심하게 버벅거림 : 1점
버벅거림은 줄었으나 책 읽듯 어색함 : 3점
연기하듯 자연스러움 : 5점

	1차	2차	3차
TOTAL			

40점 이하 연기낭독 훈련 부터 다시

41~79점 입영작 마스터 훈련 재도전

80점 이상 품띠 7단 완성

WHO DO YOU THINK LIKES YOU?

넌 누가 널 좋아한다고 생각해?

사용빈도
★★★
난이도
★★★★☆

마유: 누가 너 좋아한다던데. 누구게?
소연: 누구? (기대)
마유: 나.
소연: (매우 정색)

상황 마유는 '누가' 소연이를 좋아할 것 같은지 소연이의 '생각'을 물어보고 있습니다.

무기

[Who do you think]
누가 ~한다고 넌 생각하니?

1   [Who (누가)]에 대한 상대방의 생각을 물어보는 무기입니다.

예) 넌 누가 날 싫어한다고 생각해?
    (Who do you think hates me?)

    넌 누가 Iron Man을 배신했다고 생각해?
    (Who do you think betrayed Iron Man?)

    넌 누가 우릴 지지하고 있다고 생각해?
    (Who do you think is supporting us?)

2   현재시제에서는 뒤에 오는 동사를 무조건 3인칭 단수로 고정합니다.

예) Who do you think makes this? (넌 누가 이걸 만든다고 생각하니?)

3   '~라고 생각해?'를 '~인 것 같아?'로 의역하면 더욱 자연스러울 수 있습니다.

예) Who do you think did this?
    (넌 이걸 누가 했다고 생각해? ➜ 넌 이걸 누가 한 것 같아?)

무기 사용법
[Who] + [do you think] + [동사]?

현재	1	넌 누가 나를 싫어한다고 생각하니?
	2	[누가] + [년 생각하니] + [나를 싫어한다고]?
		[Who] + [do you think] + [hates me]?
	3	Who do you think hates me?

과거	1	넌 누가 아이언맨을 배신했다고 생각하니?
	2	[누가] + [년 생각하니] + [아이언맨을 배신했다고]?
		[Who] + [do you think] + [betrayed Iron Man]?
	3	Who do you think betrayed Iron Man?

현재진행	1	넌 누가 우리를 지지하고 있다고 생각하니?
	2	[누가] + [년 생각하니] + [우리를 지지하고 있다고]?
		[Who] + [do you think] + [is supporting us]?
	3	Who do you think is supporting us?

무기 UPGRADE

a. [Who do you think] 안의 [you]를 바꾸어 남의 생각을 물어볼 수도 있음.
　예) Who does <u>she</u> think loves me? (<u>그녀는</u> 누가 날 사랑한다고 생각하지?)
b. [Who do you think] 안의 [Do동사] 시제를 바꾸어 물어볼 수도 있음.
　예) Who <u>did</u> you think kissed me? (넌 누가 나한테 키스했다고 생각했니?)

예문 폭탄

1 **Who / do you think / needs you?**
(누가 / 넌 생각하니 / 너를 필요로 한다고?)

2 **Who / do you think / wants your love?**
(누가 / 넌 생각하니 / 네 사랑을 원한다고?)

3 **Who / do you think / called me / last night?**
(누가 / 넌 생각하니 / 나한테 전화했다고 / 어젯밤에?)

4 **Who / do you think / broke my dryer?**
(누가 / 넌 생각하니 / 내 드라이기를 고장 냈다고?)

5 **Who / do you think / is hacking our information?**
(누가 / 넌 생각하니 / 우리의 정보를 해킹하고 있다고?)

6 **Who / do you think / is running this company?**
(누가 / 넌 생각하니 / 이 회사를 운영하고 있다고?)

7 **Who / do you think / wants to work / here?**
(누가 / 넌 생각하니 / 일하고 싶어한다고 / 여기서?)

8 **Who / do you think / can help us?**
(누가 / 넌 생각하니 / 우리를 도울 수 있다고?)

9 **Who / do you think / will win?**
(누가 / 넌 생각하니 / 이길 거라고?)

10 **Who / did you think / touched you?**
(누가 / 넌 생각했니 / 널 건드렸다고?)

1   누가 / 넌 생각하니 / 널 사랑한다고?

_____ / _____ / _____

2   누가 / 넌 생각하니 / 우릴 안다고?

_____ / _____ / _____

3   누가 / 넌 생각하니 / 널 존경한다고?   ▶ 존경하다 respect

_____ / _____ / _____

4   누가 / 넌 생각하니 / 그녀를 좋아한다고?

_____ / _____ / _____

5   누가 / 넌 생각하니 / 그를 원한다고?

_____ / _____ / _____

6   누가 / 넌 생각하니 / 그녀에게 전화했다고?

_____ / _____ / _____

7   누가 / 넌 생각하니 / 널 만졌다고?

_____ / _____ / _____

8   누가 / 넌 생각하니 / 이 버튼을 눌렀다고?   ▶ 누르다 push

_____ / _____ / _____

9   누가 / 넌 생각하니 / 그들을 도와줬다고?

_____ / _____ / _____

10   누가 / 넌 생각하니 / 그를 때렸다고?

_____ / _____ / _____

11 누가 / 넌 생각하니 / 우리의 시스템을 해킹하고 있다고?

▶ 해킹하다 hack

_____ / _____ / _____

12 누가 / 넌 생각하니 / 거짓말하고 있다고 / 너에게?

_____ / _____ / _____ / _____

13 누가 / 넌 생각하니 / 기도하고 있다고 / 널 위해?

▶ 기도하다 pray

_____ / _____ / _____ / _____

14 누가 / 넌 생각하니 / 마시고 있다고 / 그녀와?

_____ / _____ / _____ / _____

15 누가 / 넌 생각하니 / 내 차를 만지고 있다고?

_____ / _____ / _____

16 누가 / 넌 생각하니 / 이길 거라고?

_____ / _____ / _____

17 누가 / 넌 생각하니 / 질 거라고?

▶ 지다 lose

_____ / _____ / _____

18 누가 / 넌 생각하니 / 우릴 가르쳐 줄 거라고?

_____ / _____ / _____

19 누가 / 넌 생각하니 / 살아남을 수 있다고 / 여기에서?

▶ 살아남다 survive

_____ / _____ / _____ / _____

20 누가 / 넌 생각하니 / 일할 수 있다고 / 우리랑?

_____ / _____ / _____ / _____

STEP 2

연기낭독
훈련

답을 맞춰 보며 상대방에게
이야기하듯 실감나게 낭독한
후 낭독 횟수를 체크하세요.

조용히, 억양 없이, 영혼 없이
낭독하면 공식으로만 남게
돼 매우 위험함.

		4회	8회	12회	16회	20회
1	Who do you think loves you?	✓				
2	Who do you think knows us?					
3	Who do you think respects you?					
4	Who do you think likes her?					
5	Who do you think wants him?					
6	Who do you think called her?					
7	Who do you think touched you?					
8	Who do you think pushed this button?					
9	Who do you think helped them?					
10	Who do you think hit him?					
11	Who do you think is hacking our system?					
12	Who do you think is lying to you?					
13	Who do you think is praying for you?					
14	Who do you think is drinking with her?					
15	Who do you think is touching my car?					
16	Who do you think will win?					
17	Who do you think will lose?					
18	Who do you think will teach us?					
19	Who do you think can survive here?					
20	Who do you think can work with us?					

STEP 3

입영작
마스터
훈련

조금 더 자연스러운
우리말 문장을 보고
실감나게 입영작하세요.

'걔'는 he가 될 수도
she가 될 수도 있으며
여러분의 선택입니다.

1 넌 누가 널 사랑한다고 생각해?

2 넌 누가 우릴 안다고 생각해?

3 넌 누가 널 존경한다고 생각해?

4 넌 누가 걔를 좋아한다고 생각해?

5 넌 누가 걔를 원한다고 생각해?

6 넌 누가 걔한테 전화했다고 생각해?

7 넌 누가 널 만졌다고 생각해?

8 넌 누가 이 버튼을 눌렀다고 생각해?

9 넌 누가 걔네를 도와줬다고 생각해?

10 넌 누가 걔를 때렸다고 생각해?

11 넌 누가 우리 시스템을 해킹하고 있다고 생각해?

12 넌 누가 너한테 거짓말하고 있다고 생각해?

13 넌 누가 널 위해 기도하고 있다고 생각해?

14 넌 누가 걔랑 마시고 있다고 생각해?

15 넌 누가 내 차를 만지고 있다고 생각해?

16 넌 누가 이길 거라고 생각해?

17 넌 누가 질 거라고 생각해?

18 넌 누가 우릴 가르쳐 줄 거라고 생각해?

19 넌 누가 여기에서 살아남을 수 있다고 생각해?

20 넌 누가 우리랑 일할 수 있다고 생각해?

심하게 버벅거림 : 1점
버벅거림은 줄었으나 책 읽듯 어색함 : 3점
연기하듯 자연스러움 : 5점

	1차	2차	3차
TOTAL			

40점 이하
연기낭독
훈련 부터 다시

41~79점
입영작
마스터
훈련 재도전

80점 이상
품띠
8단 완성

검은띠

학생: 원어민 선생님들이 영어 사전 쓰면 뭐라 그래요.
영어 사전 쓰면 안 돼요?
마스터유진: 당연히 써도 됩니다.

일단, 원어민 선생님들이 사전을 쓰지 말라고
하는 이유는 이렇습니다.

- 학생들이 수업 시간에 설명 혹은 소통에 집중하지
않고 모르는 단어가 나오자마자 전자사전을 공격함.
- 학생들이 독해든 청취든 context (문맥)을 통한
inferential analysis (추론 분석)은 시도조차 안 함.

우린 독해할 때 모르는 단어를 절대 그냥
못 넘어가는 버릇이 있습니다.
끝끝내 단어 뜻을 알아내면 그 만족감에
약간 행복하기까지 합니다.

그나저나 참고하세요.
2016년 기준 영어 단어 수 = 약 103만 5천 877개
하루 평균 새로 생기는 영어 단어 수 = 약 14.7개

(출처: The Global Language Monitor)

자, 그럼 하나 알아냈으니까 103만 5천
876개만 더 찾으면…

이 습관은 청취에서도 이어집니다.
듣기 시험을 보다가 모르는 단어로 한 구간이
막히면 답답함이 폭발하면서 당황하게 되고
곧이어 달려오는 문장들과는 인사도
못해 보고 작별해야 합니다.

학생: 그럼 단어 찾는 버릇 들이지 말란 말이에요?
언제는 사전 써도 된다면서요.
마스터유진: 조금만 더 들어보세요.

써도 되는데, 앞으로는 모르는 단어 앞 뒤로
각각 세 문장 정도는 함께
읽어 보고/들어 보고 분석하고 추론해 본 후
에 그래도 모르겠으면 사전을 쓰세요. 문맥을
통해 단어를 추론하고 분석하는 것은 마치
'눈치보기' 같은 것입니다. 하지만,
그 '눈치보기'가 습관이 되어야만 전체적인
의미 파악에 집중하는 (멀리 보고 듣는)
새로운 눈과 귀를 획득할 수 있습니다.

사전의 사용은 최선의 수단이 아닌,
최후의 수단이 되어야 합니다.

– 마스터유진

WHAT COLOR DO YOU THINK I LIKE?

내가 무슨 색을 좋아할 것 같아?

사용빈도
★★
난이도
★★★★★

민지: 좋아하는 색이 자신의 꿈과 미래를 나타낸대.
마유: 그래? 난 무슨 색을 좋아하는 것 같은데?
민지: 검정, 회색, 쥐색 계열.

상황 마유는 '무슨 색을' 자신이 좋아하는 것 같은지
민지의 '생각'을 물어보고 있습니다.

무기

[What 명사 do you think]

무슨 [명사]를 ～한다고 넌 생각하니?

---

1   **[What 명사 (무슨 명사)]에 대한 상대방의 생각을 물어보는 무기입니다.**

예) 넌 무슨 색을 내가 좋아한다고 생각해?
   (What color do you think I like?)

   넌 무슨 이야기를 걔가 썼다고 생각해?
   (What story do you think she wrote?)

   넌 무슨 차를 걔가 운전하고 있다고 생각해?
   (What car do you think he is driving?)

2   **'～라고 생각해?'를 '～인 것 같아?'로 의역하면 더욱 자연스러울 수 있습니다.**

예) What car do you think I drove?
   (넌 내가 무슨 차를 운전했다고 생각해? → 넌 내가 무슨 차를 운전한 것 같아?)

[What 명사] + [do you think] + [평서문]?

현재

1 넌 내가 무슨 색을 좋아한다고 생각하니?
2 [무슨 색을] + [넌 생각하니] + [내가 좋아한다고]?
[What color] + [do you think] + [I like]?
3 What color do you think I like?

과거

1 넌 그녀가 무슨 이야기를 썼다고 생각하니?
2 [무슨 이야기를] + [넌 생각하니] + [그녀가 썼다고]?
[What story] + [do you think] + [she wrote]?
3 What story do you think she wrote?

현재진행

1 넌 그가 무슨 차를 운전하고 있다고 생각하니?
2 [무슨 차를] + [넌 생각하니] + [그가 운전하고 있다고]?
[What car] + [do you think] + [he is driving]?
3 What car do you think he is driving?

무기 UPGRADE

a. [What 명사 do you think] 안의 [you]를 바꾸어 남의 생각을 물어볼 수도 있음.
   예) What country does <u>she</u> think I visited? (걔는 내가 무슨 나라를 방문했다고 생각하지?)
b. [What 명사 do you think] 안의 [Do동사] 시제를 바꾸어 물어볼 수도 있음.
   예) What problem <u>did</u> you think I had? (넌 내가 무슨 문제를 가졌다고 생각했어?)

예문 폭탄

1 **What scent / do you think / I like?**
(무슨 향을 / 너는 생각하니 / 내가 좋아한다고?)

2 **What kind / do you think / she prefers?**
(무슨 종류를 / 넌 생각하니 / 그녀가 선호한다고?)

3 **What time / do you think / he gets up?**
(무슨 시에 [몇 시에] / 넌 생각하니 / 그가 일어난다고?)

4 **What shape / do you think / I drew?**
(무슨 모양을 / 넌 생각하니 / 내가 그렸다고?)

5 **What countries / do you think / she visited?**
(무슨 나라들을 / 넌 생각하니 / 그녀가 방문했다고?)

6 **What time / do you think / they had breakfast?**
(무슨 시에 [몇 시에] / 넌 생각하니 / 그들이 아침을 먹었다고?)

7 **What movie / do you think / I am watching?**
(무슨 영화를 / 넌 생각하니 / 내가 보고 있다고?)

8 **What song / do you think / he is listening to?**
(무슨 노래를 / 넌 생각하니 / 그가 듣고 있다고?)

9 **What day / do you think / she will arrive here?**
(무슨 날에 [며칠날] / 넌 생각하니 / 그녀가 여기 도착할 거라고?)

10 **What time / do you think / we should leave?**
(무슨 시에 [몇 시에] / 넌 생각하니 / 우리가 떠나야 한다고?)

손영작
입영작
어순 훈련

막히지 않을 때까지
손영작＋입영작 무한반복 하세요.

1 무슨 색을 / 넌 생각하니 / 그가 사랑한다고?

_____ / _____ / _____

2 무슨 시간에 (몇 시에) / 넌 생각하니 / 내가 잠자리에 든다고?　　　　　▶ 잠자리에 들다 go to bed

_____ / _____ / _____

3 무슨 브랜드들을 / 넌 생각하니 / 내가 좋아한다고?

_____ / _____ / _____

4 무슨 음악 장르를 / 넌 생각하니 / 내가 사랑한다고?　　　　　　　　　▶ 장르 genre

_____ / _____ / _____

5 무슨 노래 / 넌 생각하니 / 이것이 ~이니?

_____ / _____ / _____

6 무슨 음식을 / 넌 생각하니 / 내가 좋아하지 않는다고?

_____ / _____ / _____

7 무슨 음식을 / 넌 생각하니 / 우리가 주문했다고?

_____ / _____ / _____

8 무슨 번호를 / 넌 생각하니 / 그들이 골랐다고?　　　　　　　　　　　▶ 고르다 pick

_____ / _____ / _____

9 무슨 시간에 (몇 시에) / 넌 생각하니 / 내가 그 시험을 쳤다고?　　　　　▶ 시험을 치르다 take a test

_____ / _____ / _____

10 무슨 년도에 (몇 년도에) / 넌 생각하니 / 그가 졸업했다고?

_____ / _____ / _____

11 무슨 수업을 / 넌 생각하니 / 우리가 선택했다고?

_____ / _____ / _____

12 무슨 치마를 / 넌 생각하니 / 그녀가 입고 있다고?

_____ / _____ / _____

13 무슨 음식을 / 넌 생각하니 / 내가 요리하고 있다고?

_____ / _____ / _____

14 무슨 이야기를 / 넌 생각하니 / 그가 쓰고 있다고?

_____ / _____ / _____

15 무슨 쇼를 / 넌 생각하니 / 우리가 보고 있다고?

_____ / _____ / _____

16 무슨 시간에 (몇 시에) / 넌 생각하니 / 그들이 올 수 있다고?

_____ / _____ / _____

17 무슨 동물을 / 넌 생각하니 / 내가 그릴 수 있다고?

▶ 그리다 draw

_____ / _____ / _____

18 무슨 언어를 / 넌 생각하니 / 내가 말할 수 있다고?

_____ / _____ / _____

19 무슨 학교를 / 넌 생각하니 / 내가 가고 싶다고?

_____ / _____ / _____

20 무슨 기술을 / 넌 생각하니 / 내가 배워야 한다고?

▶ 기술 technique

_____ / _____ / _____

		4회	8회	12회	16회	20회
1	What color do you think he loves?	✓				
2	What time do you think I go to bed?					
3	What brands do you think I like?					
4	What music genre do you think I love?					
5	What song do you think this is?					
6	What food do you think I don't like?					
7	What food do you think we ordered?					
8	What number do you think they picked?					
9	What time do you think I took the test?					
10	What year do you think he graduated?					
11	What class do you think we chose?					
12	What skirt do you think she is wearing?					
13	What food do you think I am cooking?					
14	What story do you think he is writing?					
15	What show do you think we are watching?					
16	What time do you think they can come?					
17	What animal do you think I can draw?					
18	What language do you think I can speak?					
19	What school do you think I want to go to?					
20	What technique do you think I should learn?					

STEP 3

입영작 마스터 훈련

조금 더 자연스러운 우리말 문장을 보고 실감나게 입영작하세요.

'걔'는 he가 될 수도 she가 될 수도 있으며 여러분의 선택입니다.

1 넌 무슨 색을 걔가 사랑한다고 생각해?

2 넌 몇 시에 내가 자러 간다고 생각해?

3 넌 무슨 브랜드들을 내가 좋아한다고 생각해?

4 넌 무슨 음악 장르를 내가 사랑한다고 생각해?

5 넌 무슨 노래라고 생각해 이게?

6 넌 무슨 음식을 내가 좋아하지 않는다고 생각해?

7 넌 무슨 음식을 우리가 주문했다고 생각해?

8 넌 무슨 번호를 걔네가 골랐다고 생각해?

9 넌 몇 시에 내가 그 시험을 쳤다고 생각해?

10 넌 몇 년도에 걔가 졸업했다고 생각해?

11 넌 무슨 수업을 우리가 선택했다고 생각해?

12 넌 무슨 치마를 걔가 입고 있다고 생각해?

13 넌 무슨 음식을 내가 요리하고 있다고 생각해?

14 넌 무슨 이야기를 걔가 쓰고 있다고 생각해?

15 넌 무슨 쇼를 우리가 보고 있다고 생각해?

16 넌 몇 시에 걔네가 올 수 있다고 생각해?

17 넌 무슨 동물을 내가 그릴 수 있다고 생각해?

18 넌 무슨 언어를 내가 말할 수 있다고 생각해?

19 넌 무슨 학교를 내가 가고 싶어한다고 생각해?

20 넌 무슨 기술을 내가 배워야 한다고 생각해?

심하게 버벅거림 : 1점
버벅거림은 줄었으나 책 읽듯 어색함 : 3점
연기하듯 자연스러움 : 5점

	1차	2차	3차
TOTAL			

40점 이하	41~79점	80점 이상
연기낭독 훈련 부터 다시	입영작 마스터 훈련 재도전	검은띠 1단 완성

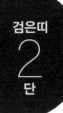

검은띠
2
단

WHICH GUY DO YOU THINK I'LL CHOOSE?

내가 어느 남자를 선택할 것 같아?

사용빈도
★★
난이도
★★★★★

마유: 그만해. 도대체 소개팅을 몇 번이나 더 해 줘야 돼?

지혜: 수고했어. 이제 다섯 명 중에 고르기만 하면 돼.
넌 내가 어느 남자를 선택할 것 같아?

마유: 모르겠고. 일단 걔네는 전부 너 별로래.

(상황) 지혜는 '어느 남자를' 자신이 고를 것 같은지 마유의 '생각'을 물어보고 있습니다.

무기

[Which 명사 do you think]

어느 [명사]를 ~한다고 넌 생각하니?

---

1 **[Which 명사 (어느 명사)]에 대한 상대방의 생각을 물어보는 무기입니다.**

예) 넌 어느 여자애를 걔가 좋아한다고 생각해?
(Which girl do you think he likes?)

넌 어느 남자를 내가 골랐다고 생각해?
(Which man do you think I picked?)

넌 어느 부분을 내가 좋아하지 않았다고 생각해?
(Which part do you think I didn't like?)

2 **'~라고 생각해?'를 '~인 것 같아?'로 의역하면 더욱 자연스러울 수 있습니다.**

예) Which part do you think I like?
(넌 내가 어느 부분을 좋아한다고 생각해? → 넌 내가 어느 부분을 좋아하는 것 같아?)

[Which 명사] + [do you think] + [평서문]?

현재
1 넌 내가 어느 여자애를 좋아한다고 생각하니?
2 [어느 여자애를] + [넌 생각하니] + [내가 좋아한다고]?
   [Which girl] + [do you think] + [I like]?
3 Which girl do you think I like?

과거
1 넌 내가 어느 남자를 골랐다고 생각하니?
2 [어느 남자를] + [넌 생각하니] + [내가 골랐다고]?
   [Which man] + [do you think] + [I picked]?
3 Which man do you think I picked?

과거
* [Which 명사]가 주어로 쓰인 경우: [평서문] 대신 [동사]를 사용.
1 넌 어느 회사가 날 고용했다고 생각하니?
2 [어느 회사가] + [넌 생각하니] + [날 고용했다고]?
   [Which company] + [do you think] + [hired me]?
3 Which company do you think hired me?

무기 UPGRADE
a. [Which 명사 do you think] 안의 [you]를 바꾸어 남의 생각을 물어볼 수도 있음.
   예) Which car do <u>they</u> think I want? (걔네는 내가 어느 차를 원한다고 생각하지?)
b. [Which 명사 do you think] 안의 [Do동사] 시제를 바꾸어 물어볼 수도 있음.
   예) Which bag <u>did</u> you think was mine? (넌 어느 가방이 내 것이었다고 생각했니?)

예문 폭탄

1 **Which style / do you think / I love?**
(어느 스타일을 / 너는 생각하니 / 내가 사랑한다고?)

2 **Which song / do you think / I don't like?**
(어느 노래를 / 넌 생각하니 / 내가 좋아하지 않는다고?)

3 **Which type / do you think / I am?**
(어느 타입 / 넌 생각하니 / 내가 ~이라고?)

4 **Which hair style / do you think / he chose?**
(어느 헤어스타일을 / 넌 생각하니 / 그가 선택했다고?)

5 **Which class / do you think / she took?**
(어느 수업을 / 넌 생각하니 / 그녀가 들었다고?)

6 **Which movie / do you think / they watched together?**
(어느 영화를 / 넌 생각하니 / 그들이 함께 봤다고?)

7 **Which candidate / do you think / we didn't want?**
(어느 후보자를 / 넌 생각하니 / 우리가 원하지 않았다고?)

8 **Which store / do you think / he is managing?**
(어느 가게를 / 넌 생각하니 / 그가 관리하고 있다고?)

9 **Which song / do you think / she is listening to?**
(어느 노래를 / 넌 생각하니 / 그녀가 듣고 있다고?)

10 **Which button / do you think / we should press?**
(어느 버튼을 / 넌 생각하니 / 우리가 눌러야 한다고?)

1 어느 차를 / 넌 생각하니 / 내가 좋아한다고?

_____ / _____ / _____

2 어느 언어를 / 넌 생각하니 / 내가 구사한다고?

▶ 구사하다 speak

_____ / _____ / _____

3 어느 소프트웨어를 / 넌 생각하니 / 내가 사용한다고?

_____ / _____ / _____

4 어느 치마를 / 넌 생각하니 / 그녀가 좋아한다고?

_____ / _____ / _____

5 어느 프로그램을 / 넌 생각하니 / 우리가 필요로 한다고?

_____ / _____ / _____

6 어느 노래를 / 넌 생각하니 / 내가 불렀다고?

_____ / _____ / _____

7 어느 책을 / 넌 생각하니 / 내가 읽었다고?

_____ / _____ / _____

8 어느 영화를 / 넌 생각하니 / 내가 봤다고?

_____ / _____ / _____

9 어느 음식을 / 넌 생각하니 / 그녀가 요리했다고?

_____ / _____ / _____

10 어느 주식들을 / 넌 생각하니 / 그가 샀다고?

▶ 주식 stock

_____ / _____ / _____

11 어느 상자를 / 넌 생각하니 / 내가 열었다고?

_____ / _____ / _____

12 어느 보석을 / 넌 생각하니 / 내가 팔았다고?

▶ 보석 jewel

_____ / _____ / _____

13 어느 과목을 / 넌 생각하니 / 내가 공부했다고?

▶ 과목 subject

_____ / _____ / _____

14 어느 로고를 / 넌 생각하니 / 내가 디자인했다고?

_____ / _____ / _____

15 어느 공을 / 넌 생각하니 / 내가 찼다고?

▶ 발로 차다 kick

_____ / _____ / _____

16 어느 사진을 / 넌 생각하니 / 내가 좋아하지 않는다고?

_____ / _____ / _____

17 어느 셔츠를 / 넌 생각하니 / 내가 원하지 않는다고?

_____ / _____ / _____

18 어느 답을 / 넌 생각하니 / 내가 선택하지 않았다고?

_____ / _____ / _____

19 어느 책을 / 넌 생각하니 / 그녀가 읽지 않았다고?

_____ / _____ / _____

20 어느 부분을 / 넌 생각하니 / 그들이 끝마쳤다고 / 어제?

_____ / _____ / _____ / _____

STEP 2

연기낭독
훈련

답을 맞춰 보며 상대방에게
이야기하듯 실감나게 낭독한
후 낭독 횟수를 체크하세요.

조용히, 억양 없이, 영혼 없이
낭독하면 공식으로만 남게
돼 매우 위험함.

		4회	8회	12회	16회	20회
1	Which car do you think I like?	☑				
2	Which language do you think I speak?					
3	Which software do you think I use?					
4	Which skirt do you think she likes?					
5	Which program do you think we need?					
6	Which song do you think I sang?					
7	Which book do you think I read?					
8	Which movie do you think I watched?					
9	Which food do you think she cooked?					
10	Which stocks do you think he bought?					
11	Which box do you think I opened?					
12	Which jewel do you think I sold?					
13	Which subject do you think I studied?					
14	Which logo do you think I designed?					
15	Which ball do you think I kicked?					
16	Which picture do you think I don't like?					
17	Which shirt do you think I don't want?					
18	Which answer do you think I didn't choose?					
19	Which book do you think she didn't read?					
20	Which part do you think they finished yesterday?					

STEP 3

**입영작
마스터
훈련**

조금 더 자연스러운
우리말 문장을 보고
실감나게 입영작하세요.

'걔'는 he가 될 수도
she가 될 수도 있으며
여러분의 선택입니다.

1   넌 내가 어느 차를 좋아한다고 생각해?

2   넌 내가 어느 언어를 구사한다고 생각해?

3   넌 내가 어느 소프트웨어를 쓴다고 생각해?

4   넌 걔가 어느 치마를 좋아한다고 생각해?

5   넌 우리가 어느 프로그램을 필요로 한다고 생각해?

6   넌 내가 어느 노래를 불렀다고 생각해?

7   넌 내가 어느 책을 읽었다고 생각해?

8   넌 내가 어느 영화를 봤다고 생각해?

9   넌 걔가 어느 음식을 요리했다고 생각해?

10   넌 걔가 어느 주식들을 샀다고 생각해?

11   넌 내가 어느 상자를 열었다고 생각해?

12   넌 내가 어느 보석을 팔았다고 생각해?

13   넌 내가 어느 과목을 공부했다고 생각해?

14   넌 내가 어느 로고를 디자인했다고 생각해?

15   넌 내가 어느 공을 찼다고 생각해?

16   넌 내가 어느 사진을 좋아하지 않는다고 생각해?

17   넌 내가 어느 셔츠를 원하지 않는다고 생각해?

18   넌 내가 어느 답을 선택하지 않았다고 생각해?

19   넌 걔가 어느 책을 읽지 않았다고 생각해?

20   넌 걔네가 어제 어느 부분을 끝마쳤다고 생각해?

심하게 버벅거림 : 1점
버벅거림은 줄었으나 책 읽듯 어색함 : 3점
연기하듯 자연스러움 : 5점

	1차	2차	3차
TOTAL			

40점 이하	41~79점	80점 이상
연기낭독
훈련 부터 다시	입영작
마스터
훈련 재도전	검은띠
2
단 완성

HOW CUTE DO YOU THINK I AM?

내가 얼마나 귀엽다고 생각해?

아영: 자기야. 나 귀여워?

마유: 어.

아영: 내가 얼마나 귀엽다고 생각하는데?

마유: 어.

상황 아영이는 자신을 '얼마나 귀엽다고' 마유가 '생각'하는지 물어보고 있습니다.

무기

[How 형용사 do you think]

얼마나 ~하다고 넌 생각하니?

---

1 뭔가가 얼마나 [형용사]하다고 생각하는지 상대방에게 물어보는 무기입니다.

예) 너 내가 얼마나 똑똑하다고 생각해?

(How smart do you think I am?)

너 걔가 얼마나 키가 크다고 생각해?

(How tall do you think he is?)

너 내 데이트 상대가 얼마나 예뻤다고 생각해?

(How pretty do you think my date was?)

2 '~라고 생각해?'를 '~인 것 같아?'로 의역하면 더욱 자연스러울 수 있습니다.

예) How short do you think I am?

(넌 내가 얼마나 키가 작다고 생각해? → 넌 내가 얼마나 키가 작은 것 같아?)

무기 사용법

[How 형용사] + [do you think] + [주어 be동사]?

현재
1 넌 네가 얼마나 쿨하다고 생각하니?
2 [얼마나 쿨한] + [넌 생각하니] + [네가 ~이다고]?
   [How cool] + [do you think] + [you are]?
3 How cool do you think you are?

현재
1 넌 그가 얼마나 키가 크다고 생각하니?
2 [얼마나 키가 큰] + [넌 생각하니] + [그가 ~이다고]?
   [How tall] + [do you think] + [he is]?
3 How tall do you think he is?

과거
1 넌 내 데이트 상대가 얼마나 예뻤다고 생각하니?
2 [얼마나 예쁜] + [넌 생각하니] + [내 데이트 상대가 ~였다고]?
   [How pretty] + [do you think] + [my date was]?
3 How pretty do you think my date was?

무기 UPGRADE

a. [How 형용사 do you think] 안의 [you]를 바꾸어 남의 생각을 물어볼 수도 있음.
   예) How cool do <u>they</u> think they are? (걔네는 자기네들이 얼마나 쿨하다고 생각하지?)
b. [How 형용사 do you think] 안의 [Do동사] 시제를 바꾸어 물어볼 수도 있음.
   예) How sad <u>did</u> you think I was? (넌 내가 얼마나 슬펐다고 생각했니?)

예문 폭탄

1 **How easy / do you think / this is?**
  (얼마나 쉬운 / 넌 생각하니 / 이게 ~이다고?)

2 **How crazy / do you think / he is?**
  (얼마나 미친 / 넌 생각하니 / 그가 ~이다고?)

3 **How old / do you think / my boyfriend is?**
  (얼마나 나이 든 [몇 살] / 넌 생각하니 / 내 남자친구가 ~이다고?)

4 **How excited / do you think / I was?**
  (얼마나 흥분한 / 넌 생각하니 / 내가 ~였다고?)

5 **How scared / do you think / she was?**
  (얼마나 겁먹은 / 넌 생각하니 / 그녀가 ~였다고?)

6 **How happy / do you think / we were?**
  (얼마나 행복한 / 닌 생각하니 / 우리가 ~였다고?)

7 **How lucky / do you think / she will be?**
  (얼마나 운이 좋은 / 넌 생각하니 / 그녀가 ~일 거라고?)

8 **How cool / do you think / I should be?**
  (얼마나 쿨한 / 넌 생각하니 / 내가 ~여야 한다고?)

9 **How smart / do you think / this computer can be?**
  (얼마나 똑똑한 / 넌 생각하니 / 이 컴퓨터가 ~일 수 있다고?)

10 **How lovely / do you think / she wants to be?**
  (얼마나 사랑스러운 / 넌 생각하니 / 그녀가 ~되고 싶다고?)

STEP 1

손영작
입영작
어순 훈련

막히지 않을 때까지
손영작＋입영작 무한반복 하세요.

1 얼마나 나이 든 (몇 살) / 넌 생각하니 / 내가 ~이다고?

_____ / _____ / _____

2 얼마나 키가 큰 / 넌 생각하니 / 내가 ~이다고?

_____ / _____ / _____

3 얼마나 귀여운 / 넌 생각하니 / 네가 ~이다고?

_____ / _____ / _____

4 얼마나 터프한 / 넌 생각하니 / 네가 ~이다고?

_____ / _____ / _____

5 얼마나 나이 든 (몇 살) / 넌 생각하니 / 그녀가 ~이다고?

_____ / _____ / _____

6 얼마나 똑똑한 / 넌 생각하니 / 그들이 ~이다고?

_____ / _____ / _____

7 얼마나 비싼 / 넌 생각하니 / 이게 ~이다고?

_____ / _____ / _____

8 얼마나 먼 / 넌 생각하니 / 그게 ~이다고?　　　　　　　　　　　▶ 먼 far

_____ / _____ / _____

9 얼마나 무거운 / 넌 생각하니 / 이 바위가 ~이다고?　　　　　▶ 무거운 heavy

_____ / _____ / _____

10 얼마나 가벼운 / 넌 생각하니 / 이 상자들이 ~이다고?　　　　▶ 가벼운 light

_____ / _____ / _____

11 얼마나 행복한 / 넌 생각하니 / 내가 ~였다고?

_____ / _____ / _____

12 얼마나 아픈 / 넌 생각하니 / Julian이 ~였다고?

_____ / _____ / _____

13 얼마나 실망한 / 넌 생각하니 / 너희 아버지가 ~였다고?

▶ 실망한 disappointed

_____ / _____ / _____

14 얼마나 바쁜 / 넌 생각하니 / 그들이 ~였다고?

_____ / _____ / _____

15 얼마나 더운 / 넌 생각하니 / 그 날씨가 ~였다고?

_____ / _____ / _____

16 얼마나 추운 / 넌 생각하니 / 내일이 ~일 거라고?

_____ / _____ / _____

17 얼마나 어려운 / 넌 생각하니 / 그 시험이 ~일 거라고?

_____ / _____ / _____

18 얼마나 쉬운 / 넌 생각하니 / 그 면접이 ~일 거라고?

_____ / _____ / _____

19 얼마나 마른 / 넌 생각하니 / 내가 ~ 되고 싶다고?

▶ 마른 skinny

_____ / _____ / _____

20 얼마나 강한 / 넌 생각하니 / 그가 ~ 되고 싶다고?

_____ / _____ / _____

STEP 2

연기낭독
훈련

답을 맞춰 보며 상대방에게
이야기하듯 실감나게 낭독한
후 낭독 횟수를 체크하세요.

조용히 억양 없이 영혼 없이
낭독하면 공식으로만 남게
돼 매우 위험함.

	4회	8회	12회	16회	20회
1 How old do you think I am?	☑				
2 How tall do you think I am?					
3 How cute do you think you are?					
4 How tough do you think you are?					
5 How old do you think she is?					
6 How smart do you think they are?					
7 How expensive do you think this is?					
8 How far do you think it is?					
9 How heavy do you think this rock is?					
10 How light do you think these boxes are?					
11 How happy do you think I was?					
12 How sick do you think Julian was?					
13 How disappointed do you think your father was?					
14 How busy do you think they were?					
15 How hot do you think the weather was?					
16 How cold do you think tomorrow will be?					
17 How difficult do you think the test will be?					
18 How easy do you think the interview will be?					
19 How skinny do you think I want to be?					
20 How strong do you think he wants to be?					

입영작
마스터
훈련

조금 더 자연스러운
우리말 문장을 보고
실감나게 입영작하세요.

'걔'는 he가 될 수도
she가 될 수도 있으며
여러분의 선택입니다.

1   넌 내가 몇 살이라고 생각해?

2   넌 내가 키가 얼마나 크다고 생각해?

3   넌 네가 얼마나 귀엽다고 생각해?

4   넌 네가 얼마나 터프하다고 생각해?

5   넌 걔가 몇 살이라고 생각해?

6   넌 걔네가 얼마나 똑똑하다고 생각해?

7   넌 이게 얼마나 비싸다고 생각해?

8   넌 그게 얼마나 멀다고 생각해?

9   넌 이 바위가 얼마나 무겁다고 생각해?

10   넌 이 상자들이 얼마나 가볍다고 생각해?

11   넌 내가 얼마나 행복했다고 생각해?

12   넌 Julian이 얼마나 아팠다고 생각해?

13   넌 너네 아버지가 얼마나 실망하셨다고 생각해?

14   넌 걔네가 얼마나 바빴다고 생각해?

15   넌 날씨가 얼마나 더웠다고 생각해?

16   넌 내일이 얼마나 추울 거라고 생각해?

17   넌 그 시험이 얼마나 어려울 거라고 생각해?

18   넌 그 면접이 얼마나 쉬울 거라고 생각해?

19   넌 내가 얼마나 마르게 되고 싶다고 생각해?

20   넌 걔가 얼마나 강하게 되고 싶다고 생각해?

심하게 버벅거림 : 1점
버벅거림은 줄었으나 책 읽듯 어색함 : 3점
연기하듯 자연스러움 : 5점

	1차	2차	3차
TOTAL			

40점 이하
연기남독 훈련 부터 다시

41~79점
입영작 마스터 훈련 재도전

80점 이상
검은띠 3단 완성

HOW SOON DO YOU THINK I CAN MASTER ENGLISH?

내가 얼마나 금방 영어를 마스터할 수 있을 것 같니?

규현: 내가 얼마나 금방 영어를 마스터할 수 있을 것 같니?
마유: 아는 영어만으로는 평생 불가능해. 보장하지.
규현: 인정.

상황 규현이는 자신이 '얼마나 금방' 영어를 마스터할 수 있을 것 같은지 마유의 '생각'을 물어보고 있습니다.

무기

[How 부사 do you think]

얼마나 ~하게 ~한다고 넌 생각하니?

---

1 **어떤 행동을 얼마나 [부사]하게 한다고 생각하는지 상대방에게 물어보는 무기입니다.**

예) 넌 걔가 얼마나 열심히 일하고 있다고 생각해?
(How hard do you think he is working?)

넌 Michael Jordan이 얼마나 높게 뛰었다고 생각해?
(How high do you think Michael Jordan jumped?)

넌 내가 얼마나 오래 잘 수 있다고 생각해?
(How long do you think I can sleep?)

2 **'~라고 생각해?'를 '~인 것 같아?'로 의역하면 더욱 자연스러울 수 있습니다.**

예) How hard do you think I work?
(넌 내가 얼마나 열심히 일한다고 생각해? → 넌 내가 얼마나 열심히 일하는 것 같아?)

[How 부사] + [do you think] + [평서문]?

현재
1 넌 그가 얼마나 열심히 일한다고 생각하니?
2 [얼마나 열심히] + [넌 생각하니] + [그가 일한다고]?
   [How hard] + [do you think] + [he works]?
3 How hard do you think he works?

과거
1 넌 Michael Jordan이 얼마나 높게 뛰었다고 생각하니?
2 [얼마나 높게] + [넌 생각하니] + [Michael Jordan이 뛰었다고]?
   [How high] + [do you think] + [Michael Jordan jumped]?
3 How high do you think Michael Jordan jumped?

능력/가능성
1 넌 얼마나 오래 내가 잘 수 있다고 생각하니?
2 [얼마나 오래] + [넌 생각하니] + [내가 잘 수 있다고]?
   [How long] + [do you think] + [I can sleep]?
3 How long do you think I can sleep?

무기
UPGRADE
a. [How 부사 do you think] 안의 [you]를 바꾸어 남의 생각을 물어볼 수도 있음.
   예) How hard do <u>they</u> think I am working? (걔네는 내가 얼마나 열심히 일하고 있다고 생각하지?)
b. [How 부사 do you think] 안의 [Do동사] 시제를 바꾸어 물어볼 수도 있음.
   예) How early <u>did</u> you think I arrived? (넌 내가 얼마나 일찍 도착했다고 생각했어?)

예문 폭탄

1 **How loudly / do you think / he sings?**
(얼마나 크게 / 넌 생각하니 / 그가 노래한다고?)

2 **How fast / do you think / they finish their work?**
(얼마나 빠르게 / 넌 생각하니 / 그들이 그들의 일을 끝낸다고?)

3 **How early / do you think / I wake up?**
(얼마나 일찍 / 넌 생각하니 / 내가 일어난다고?)

4 **How calmly / do you think / he responded?**
(얼마나 침착하게 / 넌 생각하니 / 그가 대응했다고?)

5 **How late / do you think / she arrived?**
(얼마나 늦게 / 넌 생각하니 / 그녀가 도착했다고?)

6 **How strangely / do you think / they acted?**
(얼마나 이상하게 / 넌 생각하니 / 그들이 행동했다고?)

7 **How low / do you think / it can fly?**
(얼마나 낮게 / 넌 생각하니 / 그게 날 수 있다고?)

8 **How fluently / do you think / I can speak English?**
(얼마나 유창하게 / 넌 생각하니 / 내가 영어를 말할 수 있다고?)

9 **How hard / do you think / he can punch you?**
(얼마나 세게 / 넌 생각하니 / 그가 널 펀치할 수 있다고?)

10 **How soon / do you think / she will leave?**
(얼마나 곧 / 넌 생각하니 / 그녀가 떠날 거라고?)

STEP 1

손영작
입영작
어순 훈련

막히지 않을 때까지
손영작+입영작 무한반복 하세요.

1 얼마나 멀리 / 넌 생각하니 / 내가 산다고?

_____ / _____ / _____

2 얼마나 가까이 / 넌 생각하니 / 그녀가 산다고?

▶ 가까이 close

_____ / _____ / _____

3 얼마나 열심히 / 넌 생각하니 / 그들이 일한다고?

▶ 열심히 hard

_____ / _____ / _____

4 얼마나 정기적으로 / 넌 생각하니 / 내가 운동한다고?

▶ 정기적으로 regularly

_____ / _____ / _____

5 얼마나 쉽게 / 넌 생각하니 / 우리가 돈을 번다고?

_____ / _____ / _____

6 얼마나 빨리 / 넌 생각하니 / 내가 외울 수 있다고 / 네 전화번호를?

_____ / _____ / _____ / _____

7 얼마나 높게 / 넌 생각하니 / 내가 점프할 수 있다고?

_____ / _____ / _____

8 얼마나 많이 / 넌 생각하니 / 내가 먹을 수 있다고?

_____ / _____ / _____

9 얼마나 오래 / 넌 생각하니 / 그가 달릴 수 있다고?

_____ / _____ / _____

10 얼마나 느리게 / 넌 생각하니 / 그녀가 걸을 수 있다고?

_____ / _____ / _____

11 얼마나 곧 / 넌 생각하니 / 네가 배달할 수 있다고 / 이 침대를?

▶ 배달하다 deliver

_____ / _____ / _____ / _____

12 얼마나 일찍 / 넌 생각하니 / 네가 일어날 수 있다고?

_____ / _____ / _____

13 얼마나 빠르게 / 넌 생각하니 / 내가 수영할 수 있다고?

_____ / _____ / _____

14 얼마나 자주 / 넌 생각하니 / 그녀가 가르쳐 줄 수 있다고 / 날?

▶ 자주 often

_____ / _____ / _____ / _____

15 얼마나 완벽하게 / 넌 생각하니 / 그가 노래할 수 있다고?

_____ / _____ / _____

16 얼마나 민감하게 / 넌 생각하니 / 네가 반응했다고?

▶ 민감하게 sensitively   ▶ 반응하다 react

_____ / _____ / _____

17 얼마나 열심히 / 넌 생각하니 / 네가 노력했다고?

_____ / _____ / _____

18 얼마나 아름답게 / 넌 생각하니 / 그녀가 춤췄다고?

_____ / _____ / _____

19 얼마나 쉽게 / 넌 생각하니 / 그가 이겼다고?

_____ / _____ / _____

20 얼마나 행복하게 / 넌 생각하니 / 내가 미소 지었다고?

_____ / _____ / _____

		4회	8회	12회	16회	20회
1	How far do you think I live?	✓				
2	How close do you think she lives?					
3	How hard do you think they work?					
4	How regularly do you think I exercise?					
5	How easily do you think we make money?					
6	How fast do you think I can memorize your phone number?					
7	How high do you think I can jump?					
8	How much do you think I can eat?					
9	How long do you think he can run?					
10	How slowly do you think she can walk?					
11	How soon do you think you can deliver this bed?					
12	How early do you think you can wake up?					
13	How fast do you think I can swim?					
14	How often do you think she can teach me?					
15	How perfectly do you think he can sing?					
16	How sensitively do you think you reacted?					
17	How hard do you think you tried?					
18	How beautifully do you think she danced?					
19	How easily do you think he won?					
20	How happily do you think I smiled?					

STEP 3

입영작 마스터 훈련

조금 더 자연스러운 우리말 문장을 보고 실감나게 입영작하세요.

'걔'는 he가 될 수도 she가 될 수도 있으며 여러분의 선택입니다.

1 넌 얼마나 멀리 내가 산다고 생각해?

2 넌 얼마나 가까이 걔가 산다고 생각해?

3 넌 얼마나 열심히 걔네가 일한다고 생각해?

4 넌 얼마나 정기적으로 내가 운동한다고 생각해?

5 넌 얼마나 쉽게 우리가 돈을 번다고 생각해?

6 넌 얼마나 빨리 내가 네 전화번호를 외울 수 있다고 생각해?

7 넌 얼마나 높게 내가 점프할 수 있다고 생각해?

8 넌 얼마나 많이 내가 먹을 수 있다고 생각해?

9 넌 얼마나 오래 걔가 달릴 수 있다고 생각해?

10 넌 얼마나 느리게 걔가 걸을 수 있다고 생각해?

11 넌 얼마나 금방 네가 이 침대를 배달할 수 있다고 생각해?

12 넌 얼마나 일찍 네가 일어날 수 있다고 생각해?

13 넌 얼마나 빠르게 내가 수영할 수 있다고 생각해?

14 넌 얼마나 자주 걔가 날 가르쳐 줄 수 있다고 생각해?

15 넌 얼마나 완벽하게 걔가 노래할 수 있다고 생각해?

16 넌 얼마나 민감하게 네가 반응했다고 생각해?

17 넌 얼마나 열심히 네가 노력했다고 생각해?

18 넌 얼마나 아름답게 걔가 춤췄다고 생각해?

19 넌 얼마나 쉽게 걔가 이겼다고 생각해?

20 넌 얼마나 행복하게 내가 미소 지었다고 생각해?

심하게 버벅거림 : 1점
버벅거림은 줄었으나 책 읽듯 어색함 : 3점
연기하듯 자연스러움 : 5점

	1차	2차	3차
TOTAL			

40점 이하 연기낭독 훈련 부터 다시

41~79점 입영작 마스터 훈련 재도전

80점 이상 검은띠 4단 완성

검은띠 4단 **267**

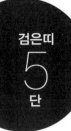

HOW MANY FRIENDS DO YOU THINK I HAVE?

내가 친구 몇 명이나 있을 것 같니?

사용빈도
★★★
난이도
★★★★★

종혁: 이놈의 인기. 친구 관리가 불가능할 정도네.
내가 친구 몇 명이나 있을 것 같니?

마유: 미안해. 너한테 큰 관심이 없어.

상황 종혁이는 자신에게 '몇 명의 친구'가 있다고 마유가 '생각'하는지 물어보고 있습니다.

무기

[How many 복수명사 do you think]

얼마나 많은 [복수명사]를 ~한다고 넌 생각하니?

---

1 [복수명사]의 '수'에 대한 상대방의 생각을 물어보는 무기입니다.

예) 넌 내가 얼마나 많은 건물들을 가지고 있다고 생각해?
(How many buildings do you think I have?)

넌 걔가 얼마나 많은 병맥주들을 샀다고 생각해?
(How many beer bottles do you think he bought?)

넌 걔가 몇 잔을 마실 수 있다고 생각해?
(How many shots do you think he can drink?)

2 [How many 복수명사]는 상황에 따라 '얼마나 많은 복수명사' 외에 '복수명사 몇 개/몇 명/몇 잔' 또는 '몇 복수명사'로 해석하면 더욱 자연스럽습니다.

예) How many bags → 얼마나 많은 가방들 → 가방들 몇 개
How many boys → 얼마나 많은 소년들 → 소년들 몇 명
How many times → 얼마나 많은 횟수들 → 몇 회 / 몇 번

3 '~라고 생각해?'를 '~인 것 같아?'로 의역하면 더욱 자연스러울 수 있습니다.

예) How many shots do you think I can drink?
(넌 내가 몇 잔을 마실 수 있다고 생각해? → 넌 내가 몇 잔을 마실 수 있는 것 같아?)

[How many 복수명사] + [do you think] + [평서문]?

현재

1 넌 내가 여자친구가 몇 명이나 있다고 생각하니?

2 [얼마나 많은 여자친구들을] + [넌 생각하니] + [내가 가지고 있다고]?

[How many girlfriends] + [do you think] + [I have]?

3 How many girlfriends do you think I have?

과거

1 넌 내가 맥주 몇 병을 샀다고 생각하니?

2 [얼마나 많은 병 맥주들을] + [넌 생각하니] + [내가 샀다고]?

[How many beer bottles] + [do you think] + [I bought]?

3 How many beer bottles do you think I bought?

능력/가능성

1 넌 그가 소주 몇 잔을 마실 수 있다고 생각하니?

2 [얼마나 많은 소주잔들을] + [넌 생각하니] + [그가 마실 수 있다고]?

[How many soju shots] + [do you think] + [he can drink]?

3 How many soju shots do you think he can drink?

무기 UPGRADE

a. [How many 복수명사 do you think] 안의 [you]를 바꾸어 남의 생각을 물어볼 수도 있음.
예) How many stocks do <u>they</u> think I own? (걔네는 내가 주식 몇 개를 소유하고 있다고 생각하지?)

b. [How many 복수명사 do you think] 안의 [Do동사] 시제를 바꾸어 물어볼 수도 있음.
예) How many shots <u>did</u> you think I drank? (넌 내가 몇 잔을 마셨다고 생각<u>했</u>니?)

예문 폭탄

1 How many jobs / do you think / I have?
(얼마나 많은 직업들을 (직업을 몇 개) / 넌 생각하니 / 내가 가지고 있다고?)

2 How many hours / do you think / I work?
(얼마나 많은 시간들을 [몇 시간을] / 넌 생각하니 / 내가 일한다고?)

3 How many days / do you think / we need?
(얼마나 많은 날들을 [며칠을] / 넌 생각하니 / 우리가 필요로 한다고?)

4 How many bottles / do you think / they drank?
(얼마나 많은 병들을 (몇 병을) / 넌 생각하니 / 그들이 마셨다고?)

5 How many bags / do you think / she bought?
(얼마나 많은 가방들을 (가방 몇 개를) / 넌 생각하니 / 그녀가 샀다고?)

6 How many tickets / do you think / we sold?
(얼마나 많은 티켓들을 (티켓 몇 장을) / 넌 생각하니 / 우리가 팔았다고?)

7 How many boxes / do you think / I can lift?
(얼마나 많은 상자들을 (상자 몇 개를) / 넌 생각하니 / 내가 들 수 있다고?)

8 How many pizza slices / do you think / he can finish?
(얼마나 많은 피자 조각들을 (피자 몇 조각을) / 넌 생각하니 / 그가 끝낼 수 있다고?)

9 How many years / do you think / we can stay in Korea?
(얼마나 많은 해들을 [몇 년을] / 넌 생각하니 / 우리가 한국에서 머물 수 있다고?)

10 How many weeks / do you think / Mr. Jackson will give us?
(얼마나 많은 주들을 [몇 주를] / 넌 생각하니 / Jackson 씨가 우리에게 줄 거라고?)

STEP 1

**손영작
입영작
어순 훈련**

막히지 않을 때까지
손영작＋입영작 무한반복 하세요.

1 얼마나 많은 남자친구들을 / 넌 생각하니 / 내가 가지고 있다고?

_____ / _____ / _____

2 얼마나 많은 컵들을 / 넌 생각하니 / 우리가 필요로 한다고?

_____ / _____ / _____

3 얼마나 많은 컴퓨터들을 / 넌 생각하니 / 내가 고친다고 / 매일?

_____ / _____ / _____ / _____

4 얼마나 많은 클라이언트들을 / 넌 생각하니 / 내가 본다고 / 매년?

_____ / _____ / _____ / _____

5 얼마나 많은 시간들을 / 넌 생각하니 / 그들이 공부한다고 / 매일?

_____ / _____ / _____ / _____

6 얼마나 많은 병들을 / 넌 생각하니 / 내가 마셨다고?

_____ / _____ / _____

7 얼마나 많은 치마들을 / 넌 생각하니 / 내가 샀다고?

_____ / _____ / _____

8 얼마나 많은 케이크들을 / 넌 생각하니 / 내가 구웠다고?

▶ (빵 등을) 굽다 bake

_____ / _____ / _____

9 얼마나 많은 사람들을 / 넌 생각하니 / 그가 죽였다고?

_____ / _____ / _____

10 얼마나 많은 립스틱들을 / 넌 생각하니 / 그녀가 훔쳤다고?

_____ / _____ / _____

11 얼마나 많은 푸쉬업들을 / 넌 생각하니 / 내가 할 수 있다고?

_____ / _____ / _____

12 얼마나 많은 마일들을 / 넌 생각하니 / 내가 걸을 수 있다고?

▶ 마일 mile

_____ / _____ / _____

13 얼마나 많은 물병들을 / 넌 생각하니 / 내가 마실 수 있다고?

_____ / _____ / _____

14 얼마나 많은 쿠키들을 / 넌 생각하니 / 네가 먹을 수 있다고?

_____ / _____ / _____

15 얼마나 많은 아이들을 / 넌 생각하니 / 우리가 가르칠 수 있다고?

_____ / _____ / _____

16 얼마나 많은 사람들을 / 넌 생각하니 / 그들이 고용할 거라고?

_____ / _____ / _____

17 얼마나 많은 직원들을 / 넌 생각하니 / 그가 해고할 거라고?

▶ 직원 employee

_____ / _____ / _____

18 얼마나 많은 날들을 / 넌 생각하니 / 네가 머물 거라고?

_____ / _____ / _____

19 얼마나 많은 프로젝트들을 / 넌 생각하니 / 그녀가 줄 거라고 / 우리에게?

_____ / _____ / _____ / _____

20 얼마나 많은 챕터들을 / 넌 생각하니 / 그가 끝마칠 거라고?

_____ / _____ / _____

	4회	8회	12회	16회	20회
1 How many boyfriends do you think I have?	☑	☐	☐	☐	☐
2 How many cups do you think we need?	☐	☐	☐	☐	☐
3 How many computers do you think I fix every day?	☐	☐	☐	☐	☐
4 How many clients do you think I see every year?	☐	☐	☐	☐	☐
5 How many hours do you think they study every day?	☐	☐	☐	☐	☐
6 How many bottles do you think I drank?	☐	☐	☐	☐	☐
7 How many skirts do you think I bought?	☐	☐	☐	☐	☐
8 How many cakes do you think I baked?	☐	☐	☐	☐	☐
9 How many people do you think he killed?	☐	☐	☐	☐	☐
10 How many lipsticks do you think she stole?	☐	☐	☐	☐	☐
11 How many push-ups do you think I can do?	☐	☐	☐	☐	☐
12 How many miles do you think I can walk?	☐	☐	☐	☐	☐
13 How many water bottles do you think I can drink?	☐	☐	☐	☐	☐
14 How many cookies do you think you can eat?	☐	☐	☐	☐	☐
15 How many children do you think we can teach?	☐	☐	☐	☐	☐
16 How many people do you think they will hire?	☐	☐	☐	☐	☐
17 How many employees do you think he will fire?	☐	☐	☐	☐	☐
18 How many days do you think you will stay?	☐	☐	☐	☐	☐
19 How many projects do you think she will give us?	☐	☐	☐	☐	☐
20 How many chapters do you think he will finish?	☐	☐	☐	☐	☐

1 넌 내가 남자친구 몇 명을 가지고 있다고 생각해?

2 넌 내가 컵 몇 개를 필요로 한다고 생각해?

3 넌 내가 매일 컴퓨터 몇 대를 고친다고 생각해?

4 넌 내가 매년 클라이언트 몇 명을 본다고 생각해?

5 넌 걔네가 매일 몇 시간을 공부한다고 생각해?

6 넌 내가 몇 병을 마셨다고 생각해?

7 넌 내가 치마 몇 개를 샀다고 생각해?

8 넌 내가 케이크 몇 개를 구웠다고 생각해?

9 넌 걔가 사람 몇 명을 죽였다고 생각해?

10 넌 걔가 립스틱 몇 개를 훔쳤다고 생각해?

11 넌 내가 푸쉬업 몇 개를 할 수 있다고 생각해?

12 넌 내가 몇 마일을 걸을 수 있다고 생각해?

13 넌 내가 물병 몇 개를 마실 수 있다고 생각해?

14 넌 네가 쿠키 몇 개를 먹을 수 있다고 생각해?

15 넌 우리가 아이 몇 명을 가르칠 수 있다고 생각해?

16 넌 걔네가 사람 몇 명을 고용할 거라고 생각해?

17 넌 걔가 직원 몇 명을 해고할 거라고 생각해?

18 넌 네가 며칠을 머물 거라고 생각해?

19 넌 걔가 프로젝트 몇 개를 우리에게 줄 거라고 생각해?

20 넌 걔가 챕터 몇 개를 끝마칠 거라고 생각해?

심하게 버벅거림 : 1점
버벅거림은 줄었으나 책 읽듯 어색함 : 3점
연기하듯 자연스러움 : 5점

	1차	2차	3차
TOTAL			

40점 이하 연기강독 훈련 부터 다시

41~79점 입영작 마스터 훈련 재도전

80점 이상 검은띠 5단 완성

검은띠
6
단

HOW MUCH MONEY DO YOU THINK I HAVE?

넌 내가 돈을 얼마나 가진 것 같니?

사용빈도
★★★
난이도
★★★★★

마유: 넌 참 능력이 없는 것 같아.
우혁: 얘가 뭘 모르네. **내가 돈을 얼마나 가진 것 같은데?**
마유: 여자친구 돈이나 갚아.

상황 우혁이는 자신이 '얼마나 많은 돈을' 가지고 있는 것 같은지
마유의 '생각'을 물어보고 있습니다.

무기

[How much 불가산명사 do you think]
얼마나 많은 [불가산명사]를 ~한다고 넌 생각하니?

1 **[불가산명사]의 '양'에 대한 상대방의 생각을 물어보는 무기입니다.**

예) 넌 내가 얼마나 많은 돈을 가지고 있다고 생각해? (How much money do you think I have?)
넌 걔가 얼마나 많은 슬픔을 가졌었다고 생각해? (How much sadness do you think she had?)
넌 내가 얼마나 많은 행복을 네게 보여 줄 수 있다고 생각해? (How much happiness do you think I can show you?)

2 **[How much 불가산명사]는 상황에 따라 '불가산명사를 얼마나'로 해석하기도 합니다.**

예) How much water ➜ 얼마나 많은 물을 ➜ 물을 얼마나

3 **'~라고 생각해?'를 '~인 것 같아?'로 의역하면 더욱 자연스러울 수 있습니다.**

예) How much pain do you think I had?
(넌 내가 얼마나 많은 고통을 가졌었다고 생각해? ➜ 넌 내가 얼마나 많은 고통을 가졌었던 것 같아?)

[How much 불가산명사] + [do you think] + [평서문]?

현재

1 넌 내가 돈을 얼마나 가지고 있다고 생각하니?

2 [얼마나 많은 돈을] + [넌 생각하니] + [내가 가지고 있다고]?
[How much money] + [do you think] + [I have]?

3 How much money do you think I have?

과거

1 넌 그녀가 슬픔을 얼마나 가졌었다고 생각하니?

2 [얼마나 많은 슬픔을] + [넌 생각하니] + [그녀가 가졌었다고]?
[How much sadness] + [do you think] + [she had]?

3 How much sadness do you think she had?

능력/가능성

1 넌 내가 행복을 얼마나 너에게 보여 줄 수 있다고 생각하니?

2 [얼마나 많은 행복을] + [넌 생각하니] + [내가 너에게 보여 줄 수 있다고]?
[How much happiness] + [do you think] + [I can show you]?

3 How much happiness do you think I can show you?

무기 UPGRADE

a. [How much 불가산명사 do you think] 안의 [you]를 바꾸어 남의 생각을 물어볼 수도 있음.
예) How much money do they think I have? (걔네는 내가 돈을 얼마를 가지고 있다고 생각하지?)
b. [How much 불가산명사 do you think] 안의 [Do동사] 시제를 바꾸어 물어볼 수도 있음.
예) How much alcohol did you think we drank? (넌 우리가 얼마나 많은 술을 마셨다고 생각했니?)

예문 폭탄

1 **How much time / do you think / I have?**
(얼마나 많은 시간을 (시간을 얼마나) / 넌 생각하니 / 내가 가지고 있다고?)

2 **How much water / do you think / they have?**
(얼마나 많은 물을 (물을 얼마나) / 넌 생각하니 / 그들이 가지고 있다고?)

3 **How much milk / do you think / they use?**
(얼마나 많은 우유를 (우유를 얼마나) / 넌 생각하니 / 그들이 사용한다고?)

4 **How much food / do you think / she ate?**
(얼마나 많은 음식을 (음식을 얼마나) / 넌 생각하니 / 그녀가 먹었다고?)

5 **How much pain / do you think / he endured?**
(얼마나 많은 고통을 (고통을 얼마나) / 넌 생각하니 / 그가 견뎠다고?)

6 **How much sugar / do you think / we consumed?**
(얼마나 많은 설탕을 (설탕을 얼마나) / 넌 생각하니 / 우리가 섭취했다고?)

7 **How much beer / do you think / I can drink?**
(얼마나 많은 맥주를 (맥주를 얼마나) / 넌 생각하니 / 내가 마실 수 있다고?)

8 **How much energy / do you think / this machine can produce?**
(얼마나 많은 에너지를 (에너지를 얼마나) / 넌 생각하니 / 이 기계가 생산해 낼 수 있다고?)

9 **How much fat / do you think / this exercise can burn?**
(얼마나 많은 지방을 (지방을 얼마나) / 넌 생각하니 / 이 운동이 태울 수 있다고?)

10 **How much time / do you think / your boss will give you?**
(얼마나 많은 시간을 (시간을 얼마나) / 넌 생각하니 / 네 상사가 너에게 줄 거라고?)

STEP 1

손영작
입영작
어순 훈련

막히지 않을 때까지
손영작＋입영작 무한반복 하세요.

1 얼마나 많은 돈을 / 넌 생각하니 / 내가 가지고 있다고?

_____ / _____ / _____

2 얼마나 많은 돈을 / 넌 생각하니 / 우리가 번다고?

_____ / _____ / _____

3 얼마나 많은 물을 / 넌 생각하니 / 내가 마신다고 / 매일?

_____ / _____ / _____ / _____

4 얼마나 많은 시간을 / 넌 생각하니 / 네가 필요로 한다고?

_____ / _____ / _____

5 얼마나 많은 정보를 / 넌 생각하니 / 그들이 제공한다고?

▶ 제공하다 provide

_____ / _____ / _____

6 얼마나 많은 음식을 / 넌 생각하니 / 내가 먹었다고?

_____ / _____ / _____

7 얼마나 많은 커피를 / 넌 생각하니 / 내가 마셨다고 / 어제?

_____ / _____ / _____ / _____

8 얼마나 많은 파스타를 / 넌 생각하니 / 내가 요리했다고?

_____ / _____ / _____

9 얼마나 많은 현금을 / 넌 생각하니 / 그가 훔쳤다고?

▶ 현금 cash

_____ / _____ / _____

10 얼마나 많은 설탕을 / 넌 생각하니 / 우리가 사용했다고?

_____ / _____ / _____

11 얼마나 많은 재미를 / 넌 생각하니 / 내가 가졌다고?

_____ / _____ / _____

12 얼마나 많은 음식을 / 넌 생각하니 / 내가 먹을 수 있다고?

_____ / _____ / _____

13 얼마나 많은 맥주를 / 넌 생각하니 / 우리가 팔 수 있다고 / 오늘?

_____ / _____ / _____ / _____

14 얼마나 많은 돈을 / 넌 생각하니 / 네가 줄 수 있다고 / 내게?

_____ / _____ / _____ / _____

15 얼마나 많은 무게를 / 넌 생각하니 / 그가 들 수 있다고?

▶ 무게 weight　▶ 들다 lift

_____ / _____ / _____

16 얼마나 많은 돈을 / 넌 생각하니 / 내가 저축해야 한다고?

_____ / _____ / _____

17 얼마나 많은 물을 / 넌 생각하니 / 내가 마셔야 한다고 / 매일?

_____ / _____ / _____ / _____

18 얼마나 많은 돈을 / 넌 생각하니 / 우리가 투자해야 한다고?

▶ 투자하다 invest

_____ / _____ / _____

19 얼마나 많은 빵을 / 넌 생각하니 / 우리가 사야 한다고?

_____ / _____ / _____

20 얼마나 많은 시간을 / 넌 생각하니 / 내가 줄 거라고 / 네게?

_____ / _____ / _____ / _____

		4회	8회	12회	16회	20회
1	How much money do you think I have?	✓				
2	How much money do you think we make?					
3	How much water do you think I drink every day?					
4	How much time do you think you need?					
5	How much information do you think they provide?					
6	How much food do you think I ate?					
7	How much coffee do you think I drank yesterday?					
8	How much pasta do you think I cooked?					
9	How much cash do you think he stole?					
10	How much sugar do you think we used?					
11	How much fun do you think I had?					
12	How much food do you think I can eat?					
13	How much beer do you think we can sell today?					
14	How much money do you think you can give me?					
15	How much weight do you think he can lift?					
16	How much money do you think I should save?					
17	How much water do you think I should drink every day?					
18	How much money do you think we should invest?					
19	How much bread do you think we should buy?					
20	How much time do you think I will give you?					

입영작
마스터
훈련

조금 더 자연스러운
우리말 문장을 보고
실감나게 입영작하세요.

'걔'는 he가 될 수도
she가 될 수도 있으며
여러분의 선택입니다.

1   넌 내가 얼마나 많은 돈을 가지고 있다고 생각해?

2   넌 우리가 얼마나 많은 돈을 번다고 생각해?

3   넌 내가 매일 얼마나 많은 물을 마신다고 생각해?

4   넌 네가 얼마나 많은 시간을 필요로 한다고 생각해?

5   넌 걔네가 얼마나 많은 정보를 제공한다고 생각해?

6   넌 내가 얼마나 많은 음식을 먹었다고 생각해?

7   넌 내가 어제 얼마나 많은 커피를 마셨다고 생각해?

8   넌 내가 얼마나 많은 파스타를 요리했다고 생각해?

9   넌 걔가 얼마나 많은 현금을 훔쳤다고 생각해?

10 넌 우리가 얼마나 많은 설탕을 썼다고 생각해?

11 넌 내가 얼마나 많은 재미를 가졌다고(=얼마나 재미있었다고) 생각해?

12 넌 내가 얼마나 많은 음식을 먹을 수 있다고 생각해?

13 넌 우리가 오늘 얼마나 많은 맥주를 팔 수 있다고 생각해?

14 넌 네가 얼마나 많은 돈을 나한테 줄 수 있다고 생각해?

15 넌 걔가 얼마나 많은 무게를 들 수 있다고 생각해?

16 넌 내가 얼마나 많은 돈을 모아야 한다고 생각해?

17 넌 내가 매일 얼마나 많은 물을 마셔야 한다고 생각해?

18 넌 우리가 얼마나 많은 돈을 투자해야 한다고 생각해?

19 넌 우리가 얼마나 많은 빵을 사야 한다고 생각해?

20 넌 내가 너한테 얼마나 많은 시간을 줄 거라고 생각해?

심하게 버벅거림 : 1점
버벅거림은 줄었으나 책 읽듯 어색함 : 3점
연기하듯 자연스러움 : 5점

	1차	2차	3차
TOTAL			

40점 이하	41~79점	80점 이상
연기남옥 훈련 부터 다시	입영작 마스터 훈련 재도전	검은띠 6단 완성

WHOSE GIRLFRIEND DO YOU THINK SHE IS?

얘가 누구 여자친구일 것 같니?

원빈: 얘 어때?
마유: 네가 이런 완벽한 여자를 안다고? 말도 안 돼.
원빈: 훗. 얘가 누구 여자친구일 것 같니? 사실...
마유: 말하지 마. 나 진심 화날 거 같아.

상황 원빈이는 사진 속의 그녀가 '누구의 여자친구'일 것 같은지
마유의 '생각'을 물어보고 있습니다.

무기

[Whose 명사 do you think]

누구의 [명사]를 ~한다고 넌 생각하니?

1 **뭔가의 소유권에 대한 상대방의 생각을 물어보는 무기입니다.**

예) 넌 걔가 누구의 여자친구라고 생각해?
(Whose girlfriend do you think she is?)

넌 슈퍼맨이 누구의 딸을 구했다고 생각해?
(Whose daughter do you think Superman saved?)

넌 그들이 누구의 컴퓨터를 사용하고 있다고 생각해?
(Whose computer do you think they are using?)

2 **'~라고 생각해?'를 '~인 것 같아?'로 의역하면 더욱 자연스러울 수 있습니다.**

예) Whose son do you think I am teaching?
(넌 내가 누구의 아들을 가르치고 있다고 생각해? ➜ 넌 내가 누구의 아들을 가르치고 있는 것 같아?)

[Whose 명사] + [do you think] + [평서문]?

현재

1 넌 그녀가 누구의 여자친구라고 생각하니?

2 [누구의 여자친구] + [넌 생각하니] + [그녀가 ～이다고]?

[Whose girlfriend] + [do you think] + [she is]?

3 Whose girlfriend do you think she is?

과거

1 넌 수퍼맨이 누구의 딸을 구했다고 생각하니?

2 [누구의 딸을] + [넌 생각하니] + [수퍼맨이 구했다고]?

[Whose daughter] + [do you think] + [Superman saved]?

3 Whose daughter do you think Superman saved?

현재진행

1 넌 그들이 누구의 컴퓨터를 사용하고 있다고 생각하니?

2 [누구의 컴퓨터를] + [넌 생각하니] + [그들이 사용하고 있다고]?

[Whose computer] + [do you think] + [they are using]?

3 Whose computer do you think they are using?

무기 UPGRADE

a. [Whose 명사 do you think] 안의 [you]를 바꾸어 남의 생각을 물어볼 수도 있음.
예) Whose company do they think I manage? (걔네는 내가 누구의 회사를 관리한다고 생각하지?)
b. [Whose 명사 do you think] 안의 [Do동사] 시제를 바꾸어 물어볼 수도 있음.
예) Whose car did you think I drove? (넌 내가 누구의 차를 운전했다고 생각했니?)

예문 폭탄

1 **Whose daughter / do you think / she is?**
(누구의 딸 / 넌 생각하니 / 그녀가 ～이다고?)

2 **Whose money / do you think / he always borrows?**
(누구의 돈을 / 넌 생각하니 / 그가 항상 빌린다고?)

3 **Whose love / do you think / Katie wants?**
(누구의 사랑을 / 넌 생각하니 / Katie가 원한다고?)

4 **Whose car / do you think / it was?**
(누구의 차 / 넌 생각하니 / 그것이 ～였다고?)

5 **Whose website / do you think / he hacked?**
(누구의 웹사이트를 / 넌 생각하니 / 그가 해킹했었다고?)

6 **Whose song / do you think / they copied?**
(누구의 노래를 / 넌 생각하니 / 그들이 베꼈다고?)

7 **Whose parents / do you think / he is supporting?**
(누구의 부모님을 / 넌 생각하니 / 그가 부양하고 있다고?)

8 **Whose cardigan / do you think / I am wearing?**
(누구의 카디건을 / 넌 생각하니 / 내가 입고 있다고?)

9 **Whose house / do you think / we can see?**
(누구의 집을 / 넌 생각하니 / 우리가 볼 수 있다고?)

10 **Whose movie / do you think / we should pick?**
(누구의 영화를 / 넌 생각하니 / 우리가 뽑아야 한다고?)

STEP 1

손영작
입영작
어순 훈련

막히지 않을 때까지
손영작＋입영작 무한반복 하세요.

1 누구의 자전거 / 넌 생각하니 / 이것이 ~이다고?

_____ / _____ / _____

2 누구의 셔츠 / 넌 생각하니 / 이것이 ~이다고?

_____ / _____ / _____

3 누구의 차들 / 넌 생각하니 / 이것들이 ~이다고?

_____ / _____ / _____

4 누구의 청바지들 / 넌 생각하니 / 이것들이 ~이다고?

_____ / _____ / _____

5 누구의 아이디어라고 / 넌 생각하니 / 그게 ~이다고?

_____ / _____ / _____

6 누구의 서비스를 / 넌 생각하니 / 내가 이용한다고?

_____ / _____ / _____

7 누구의 노래를 / 넌 생각하니 / 내가 좋아한다고?

_____ / _____ / _____

8 누구의 아이를 / 넌 생각하니 / 내가 부양한다고?

▶ 부양하다 support

_____ / _____ / _____

9 누구의 회사를 / 넌 생각하니 / 내가 관리한다고?

▶ 관리하다 manage

_____ / _____ / _____

10 누구의 제품들을 / 넌 생각하니 / 그들이 선호한다고?

▶ 제품 product   ▶ 선호하다 prefer

_____ / _____ / _____

11 누구의 딸과 / 넌 생각하니 / 내가 결혼했다고?

_____ / _____ / _____

12 누구의 개를 / 넌 생각하니 / 내가 훈련시켰다고?

▶ 훈련시키다 train

_____ / _____ / _____

13 누구의 컴퓨터를 / 넌 생각하니 / 내가 부쉈다고?

_____ / _____ / _____

14 누구의 지갑을 / 넌 생각하니 / 그가 훔쳤다고?

_____ / _____ / _____

15 누구의 친구를 / 넌 생각하니 / 내가 좋아하지 않는다고?

_____ / _____ / _____

16 누구의 차를 / 넌 생각하니 / 내가 씻고 있다고?

_____ / _____ / _____

17 누구의 책을 / 넌 생각하니 / 내가 읽고 있다고?

_____ / _____ / _____

18 누구의 디자인을 / 넌 생각하니 / 그녀가 카피하고 있다고?

_____ / _____ / _____

19 누구의 돈을 / 넌 생각하니 / 내가 빌릴 수 있다고?

_____ / _____ / _____

20 누구의 선물을 / 넌 생각하니 / 그녀가 좋아할 거라고?

▶ 선물 gift

_____ / _____ / _____

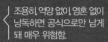

		4회	8회	12회	16회	20회
1	Whose bicycle do you think this is?	✓				
2	Whose shirt do you think this is?					
3	Whose cars do you think these are?					
4	Whose jeans do you think these are?					
5	Whose idea do you think it is?					
6	Whose service do you think I use?					
7	Whose song do you think I like?					
8	Whose child do you think I support?					
9	Whose company do you think I manage?					
10	Whose products do you think they prefer?					
11	Whose daughter do you think I married?					
12	Whose dog do you think I trained?					
13	Whose computer do you think I broke?					
14	Whose wallet do you think he stole?					
15	Whose friend do you think I don't like?					
16	Whose car do you think I am washing?					
17	Whose book do you think I am reading?					
18	Whose design do you think she is copying?					
19	Whose money do you think I can borrow?					
20	Whose gift do you think she will like?					

입영작 마스터 훈련

조금 더 자연스러운 우리말 문장을 보고 실감나게 입영작하세요.

'걔'는 he가 될 수도 she가 될 수도 있으며 여러분의 선택입니다.

1 넌 이게 누구 자전거라고 생각해?

2 넌 이게 누구 셔츠라고 생각해?

3 넌 이것들이 누구 자동차들이라고 생각해?

4 넌 이것들이 누구 청바지들이라고 생각해?

5 넌 그게 누구 아이디어라고 생각해?

6 넌 내가 누구 서비스를 이용한다고 생각해?

7 넌 내가 누구 노래를 좋아한다고 생각해?

8 넌 내가 누구 아이를 부양한다고 생각해?

9 넌 내가 누구 회사를 관리한다고 생각해?

10 넌 걔네가 누구 제품들을 선호한다고 생각해?

11 넌 내가 누구 딸이랑 결혼했다고 생각해?

12 넌 내가 누구 개를 훈련시켰다고 생각해?

13 넌 내가 누구 컴퓨터를 부쉈다고 생각해?

14 넌 걔가 누구 지갑을 훔쳤다고 생각해?

15 넌 내가 누구 친구를 좋아하지 않는다고 생각해?

16 넌 내가 누구 차를 세차하고 있다고 생각해?

17 넌 내가 누구 책을 읽고 있다고 생각해?

18 넌 걔가 누구 디자인을 카피하고 있다고 생각해?

19 넌 내가 누구 돈을 빌릴 수 있다고 생각해?

20 넌 걔가 누구 선물을 좋아할 거라고 생각해?

심하게 버벅거림 : 1점
버벅거림은 줄었으나 책 읽듯 어색함 : 3점
연기하듯 자연스러움 : 5점

TOTAL 1차 2차 3차

40점 이하 연기낭독 훈련 부터 다시

41~79점 입영작 마스터 훈련 재도전

80점 이상 검은띠 7단 완성

Epilogue

비행기 놓치기 일보직전에 탑승구로 가는 두 갈래 길.
지나가는 승객에게 티켓을 보여주며
"어느 길로 제가 가야 할까요?" 라고 물어볼 타이밍.

평소에는 말이 엄청 많은 친구:
조용히 깊은 고독에 잠겨 있음.

영어 좀 했다던 친구: "Where is...?"

나: "Which way should I go?"
    "Which way do you think I should go?"

남들이 단어로 웅얼거릴 때
여러분은 문장으로 물어보면 됩니다.
이젠 능력이 되니까.

He who asks a question remains
a fool for five minutes.
He who does not ask a question
remains a fool forever.
- Chinese Proverb

질문하는 이는 5분간 바보가 된다.
질문하지 않는 이는 평생 바보로 남는다.
- 중국 속담

여기까지 오시느라 정말 수고 많으셨습니다.
검은띠는 아무나 따는 게 아닙니다.
I give you much respect.

– 마스터유진

〈입영작 영어회화〉 시리즈